無意識のすごい見える化

「脳内の親」から
解放されれば
未来は思い通り！

はじめに

「脳内に潜む親……。どういう意味？」

何か、気になっていることがあるようですね。では、ちょっと質問させてください。

Q1　あなたはご両親のことを、どんなふうに思っていますか？

Q2　あなたのお父さん、お母さんは、あなたにとってどんな存在でしょうか？

……答えにくかったでしょうか。安心してください。いまの質問には、ほとんどの人が即答できません。

親というのは、生まれたときからほぼ当たり前にいる存在です。ところが、あまりにも長い間一緒に過ごしその存在に慣れてしまったために、私たちは親というものにほとんど注意を払っていないのではないでしょうか。「親をどう思っているか」「どんな存在か」と聞かれても、「そんなこと、考えたこともない」となるのです。

私は約30年にわたり、コンサルタント、メンタルトレーナー、心理カウンセラーとして活動してきました。仕事がうまくいかない、思うように稼げない、人間関係に疲れた、病気がなかなか治らない――。このような深刻な悩みをもつ人たち、約8万人に接してきました。そしてあるとき、**悩みを抱える人の共通点が「親」であることに気づいた**のです。

冒頭の質問をすると、みなさん一瞬ドキッとなったり、ちょっと気まずそうな表情を見せたり、時には不安げにそわそわしはじめます。「どうやら親に原因がありそうだ。この人も親のことで何かあったのかな」。そう思って、親に関する質問を重ねていきました。

「何か、子どもの頃に言われたことを覚えていますか？」
「ご両親のことで、何か印象に残っていることは？」

そして、その人が記憶をたどり、親について語りはじめたとき、ようやく真相が明らかになったのです。

「うちの親の口癖は、〇〇でしたね。機嫌が悪いと、よく〇〇って嫌味を言われてました」
「それそれ。その親から受けた思い込みこそが、あなたを困らせているものの正体なんですよ！」

私は思わず、叫んでいました。子どもの頃に体験した親の言動、そして、その記憶によって固定された思い込み――。本書のタイトルにもなっている「脳内の親」がそこにあったのです。

私のメソッドは、人の背景にある言葉や前提、信念、思考を変え、さらに眠っている能力（潜在能力）を発揮させていくという手法です。そして、脳内の親というのは、まさに盲点だったのです。しかし、相談者はただ呆然とするばかりです。

「そんな大げさな。親とは、別に険悪ってわけじゃないですよ。虐待とかもなかったし」

と、あわてて否定する人もいました。でも、私が言いたいのは、そういうことではないのです。幼い頃に虐待をうけて、大人になってもその傷がいえていない――といった人でなくても、自分の中で持て余している**「親に関するモヤモヤした思い」があるなら、それを解決しなければあなたがいま直面している悩みは消えない**ということなのです。

私のところへ悩みを相談しに来られる方に、子どもの頃の記憶にある親のイメージを聞くと、決まってその人は何とも言えない無力感や寂しさ、あきらめの混じった複雑な表情を見せます。彼らが語ってくれるのは、たとえば親のこんな姿です。

帰宅するなり、「仕事がきつい」と大きなため息をついていた父親。
「うちはお金がないからダメなの！」と、何も言っていないのにこちらの話を遮った母親。
「そろそろ本気を出さないと、医学部に受からないぞ」と、当然のように話す父親。
「この子、私にちっとも似なかったのよ」と、娘の顔を見て苦笑する母親。

どれも、ありふれた親子の間で交わされる、ありふれたやりとりです。本人も言うように「大したことじゃない」ように見える。けれど、**それこそがわななのです。**ちょっとした違和感はあるものの、虐待というほどではないから——。そうやって、見て見ぬふりをしてきたことが、まさにいまにつながっているのですから。

実は脳は、そのとき受けとったネガティブな感情を、しっかりと受け止めて記憶しています。そして、**私たちがまったく望んでいない、過酷な人生を歩ませようとする**のです。

「過去にこんな失敗をしたんです」「こういうひどい目に遭わされました」と訴える人の体験を聞いて、その問題に直結する出来事そのものを解決しても、すぐにまた同じようなことが起きてしまう。

もしかしたら、これは、**脳内の親があえて都合の悪い出来事を引き寄せている。そういう行動を促しているのかもしれない――。**私はそんな仮説を立てるようになったのです。そして親を切り口に問題を深掘りしていくようにしました。すると、面白いほどスムーズに状況が改善されるようになったのです。

仕事、恋愛、健康、お金、人間関係など、私のもとを訪れる方はさまざまな悩みを抱えています。しかし、調べれば調べるほど、**「親」というものは、ほぼすべてのジャンルの悩みの出所になっていると確信**するようになりました。

私のもとに相談に来たある自営業の男性は、どうしても売り上げが伸びないと悩んでいました。そこで親の記憶をたどってもらうと、「お金がない、お金が足りない」としょっちゅう言っていたのです。

それを聞くたびに、「こんなふうに、お金のことで振り回される人生は嫌だなぁ」と思っていたのだそう。それなのに、何十年か経ったいま、あんなに嫌だった父親と同じようにお金に苦しめられているというのです。

なぜ、こんなことが起きるのか？　それは、**脳が、潜在意識が、「願望とは逆に動く」という困った性質をもっている**ためです。その理由を読み解いて男性にあることを伝えると、1か月後には、「売り上げが右肩上がりになっています！」という報告が届きました。

詳しいメカニズムは後程お話ししますが、これに気づくかどうかで、人生の明暗が分かれると言っても過言ではありません。


「なんだか最近、何をしてもうまくいかないなぁ……」

「私の人生、こんなはずじゃなかったんだけど……」


こんなふうに思い通りの人生を歩めていない、と感じているなら、きっと**あなたの脳内にも「願望とは逆に動く」何かが、成功を阻んでいる**はず。

ではさっそく、あなた自身の「脳内の親」が何を考えているのか、探りに行きましょう。不可解に思える脳ですが、扱い方をマスターしてしまえば、心強い味方になってくれます。

「いままでの動きは間違いだったんだよ」と気づかせることで、脳内の親は、あなた自身が本来望んでいた人生に導いてくれるはずです。

目次

第5章 「親の人生のテーマ」を探究し現実を一気に変える

第6章 「脳内の親」を育て直せば未来は常に思い通り

ブックデザイン
原てるみ（mill inc.）
DTP
エヴリ・シンク
編集協力
チーム TOGENUKI
水原敦子
イラスト
killdisco
校正
鷗来堂
編集
杉山 悠

第1章

あなたの行動を決定づける12のメタプログラム

情報を無意識にコントロールしてしまう「メタプログラム」

◆すべての人には「不都合な思い込み」がある！

アメリカの有名な社会心理学者、クロード・スティールさんは、バイアスによって生じる「刷り込み」をさらに深く研究し、「ステレオタイプ脅威」という概念を提唱しました。

彼は同じ学力の生徒を対象に、「女性は数学が苦手」「黒人は白人より学力が低い」といった社会的なステレオタイプ（偏った認識）を意識させることで、女性や黒人のテストの点数が下がってしまうことを、実験により確認したのです。

ステレオタイプが社会的に広く認識されていると、「自分にとって不都合なこと」でも、人はそれを受け入れてしまいます。

「手先が不器用なのは、お父さんに似たのかな」
「転職したいけど、私は学歴が低いから無理」

このように、「あきらめ」に近い感情を抱いている人は、ステレオタイプ脅威によって自分の足を引っ張っているとも言えます。

行動を制御している「メタ無意識」と「メタプログラム」

人の意識は階層構造になっています。

表層にあるのは、計算したり文章を考えたりなど、人が日常で使っている意識であり、これを顕在意識と言います。

さらに深層の部分には、寝ているときやぼーっとしているときに動く意識があり、これを**「潜在意識」**と呼びます。

さらに深い部分に、私たちの全てをコントロールする領域があります。私はこれをメタ無意識と名付けました。メタ無意識は、私たちの背景で見えないルールをつくりあげている、意識の器のようなものです。

実は、人のストレス反応のパターンは、母親の胎内にいるときにつくられます。

それをベースに、他のパターンが**後天的に身についていくのです。**これがメタ無意識のパターンの正体です。その**メタ無意識のパターンはメタプログラムといい、本書では12パターンを取り上げます。**

もし人生がうまくいかないと感じているなら、**問題となるメタ無意識を突き止め、再設定すればいいだけ。それで考え方や行動が劇的に変わります。**

その結果、ビジネスが急成長したり、苦手だったことが克服できたりと、驚くような変化がもたらされるはずです。

ただし、どのような状況においてもこれが正解、というものではありません。「いまの目標を実現させるには、このパターンのほうが成功しやすい」など、シチュエーションによって望ましいパターンは変わります。

それでは12のメタ無意識を見ていきましょう。

あなたの「進路」を決める12の「メタ無意識」

◆パターン① 主体性の有無を示す「主体行動型」と「反映分析型」

やろうと考えていることを今日やるとしたら、すぐに行動に移すのが主体行動型です。考えながら動く、あるいは考える前に動く。主体的に動きます。

一方、うまくいくかどうか、どういう結果になるか調べたり、分析したり、考えたり、周りの人の出方や様子を見てからやるかやらないかを決めるのを、反映分析型といいます。

「私とはこういう人である」という信じ込みは、脳の前頭前野にある神経ネットワークによってつくられます。

「自分の人生は自分でコントロールできる」という信じ込みになっていれば、**生きる目的や使命を達成するために主体行動型で動くので、「この人は本気なのだ」と脳は受け取ります。**

そして、前頭前野の細胞が総結集し、そのように現実をつくっていきます。

それに対し、「人生は自分の思い通りにならない。コントロールできない」という反映分析型の言葉で表現されているときは、「この人は本気ではないのだ」と脳は受け取ります。**前頭前野の細**

胞はバラバラに動き、思ったような現実をつくりだすことができません。

◆「主体行動型」の言葉を意識的に使い成功を引き寄せる

近年はとくに飲食店のオーナーからのご相談が多く寄せられます。そんな方にお会いすると、私は最初に必ずこう質問します。

「この店の経営を、あなたはどうしていきたいですか？」

ほとんどの方が「もう一度、繁盛させたいです」と即答します。しかし、「では社長にとって、何がどうなったら繁盛していると言えますか？」と聞くと、回答は2パターンに分かれます。

A「お客さんが戻ってきてくれて、満席になったときでしょうか」

B「お客さんを呼び戻して、満席にしたときですね」

2人はほとんど同じことを言っているようですが、A社長は「お客さんが戻ってきてくれたら満席になるが、自分には為すすべがなく、それを待つしかない」「自分には状況をコントロールできない」と、反映分析型で受け身です。一方B社長は「自分がお客さんを呼び戻す主体者だ」

「満席にする責任者は自分なのだ」という主体行動型で考えています。

当然、成功するのはB社長です。主体行動型で考えて行動すると、脳は「この言葉、本気だな。じゃあ早く、現実のものにしよう！」と考え、潜在意識が動き出します。結果、さまざまなアイディアが湧いたり、いい人材を雇用することができたりと、結果につながっていきます。

◆パターン②　行動の動機は？「目的志向型」と「問題回避型」

目標や目的があるときにモチベーションが上がる場合は「目的志向型」です。その行動は「何かを得る」という形になっています。

一方、不安やリスクを避けることでモチベーションが上がる場合を「問題回避型」といいます。その行動は「何かを避ける」という形になっています。

◆W杯での惨敗は問題回避型のキャッチコピーにあり

２０１４年のサッカーワールドカップで、日本代表が１勝もできず惨敗したことがありました。当時、テレビから流れてきたキャッチコピーをいまでも鮮明に覚えています。

「絶対に負けられない戦いが、そこにはある」

このキャッチコピーは、アジアサッカー連盟主催の公式戦において長年喧伝《けんでん》され、アナウンサーも実況で繰り返し叫んでいました。しかし、メンタルトレーナーの私に言わせれば、「そんなことを言っていたら、負けて当然だよね」となります。

「負けられない戦い」という言葉は、そもそも「負け」を前提にしています。

否定形で打ち消したところで、負けるというネガティブな概念そのものに焦点が当たっていますから、非常に危険なのです。このようなフレーズを使って、日本中のサポーターが応援していたのです。

その結果、選手たちにもネガティブな意識が植え付けられた——とまでは言いませんが、問題をわざわざつくって、勝利を遠ざける言葉を連呼したメディアにも、責任の一端があるような気がします。

ちなみに、このキャッチフレーズはこの大会を最後に使われなくなりました。

◆目的志向型への転換が求められるワケ

目的志向型は、起業家にとって不可欠の要素です。

一方、病院や治療院などは、**問題回避型になるのが普通**です。しかし近年では、人々の「よりよく生きたい」というニーズを満たすことが病院や治療院の運営に必要になってきました。

たとえば、大事なプレゼンなどの前に調整をしてくれるクリニック、トライアスロンやゴルフをする人をメンテナンスしてくれる治療院、きれいになりたい女性のための美容鍼灸など、クライアントの願望実現をサポートすることで、リピーターを増やしているところもあります。

このように、あらゆる業界で**「自分たちの価値を売っていく」という目的志向型への転換がますます必要になってくる**と私は思います。

◆パターン③　モチベーションの源「他者基準」と「自分基準」

得ようとしていること、やろうとしていることのモチベーションが、賞賛や承認など、他人を必要とする基準を他者基準といいます。他者基準の人は、他人が認めてくれたら「うまくいった」と判断します。

一方、他人の評価はどうでもいい、私がやりたいからやる、うまくいったかどうかは自分で判断するという場合を自分基準といいます。

◆収入格差は親しだい！　子どもが低所得になる「しつけ」

近年は各国で所得格差が社会問題になっていますが、子どもの頃に親からどのようにしつけられたかによって、将来の収入に差が出るという研究があるそうです。確かに私がこれまでに会ってきた人の話を聞くと、その傾向があると思います。

お金が稼げず悩んでいる人に子どもの頃の話を聞くと、たとえば「お母さん、ゲーム買ってよ」と懇願したとき、「しつこいわよ。ゲームはもう持ってるでしょ。ゲームばかりやってないで勉強しなさい！」と感情的に叱られたと答えることが少なくありません。

一方、バリバリ稼いでいる人はどうだったかというと、「どうしてそのゲームが必要なのか、理由を聞かせてくれるかな？」と冷静に対応されていたそうです。そして、理由を説明すると買ってもらえたというのです。

子どもにとって、感情的に叱られることは大きなストレスです。断られるだけでもつらいのに、感情的な言い方をされると余計に傷つきます。

そんな子どもには、「親に叱られないように生きていこう」という術が身について、「買っていいって言われたら買う。ダメって言われたら買わない」という生き方になり、他者基準が育っていきます。

それに対して、「何のためにそうしたいのか」と問いかけられて育った子どもは、幼いながらに自分の欲求に目を向けることになります。

「私は○○という目的があって、これが欲しいんだ」と、自分の言葉で親を説得する術を身につけていく。**稼ぐ人の多くは、子どもの頃からプレゼンの練習を続けていることになり、重要な自分基準が育っていく**のです。

フェイスブック社のCEOとして知られるマーク・ザッカーバーグさんは、子どもの頃に「友達がみんな持ってるから」という理由で親に何かをねだると、「そんな理由なら買わないよ」と拒否され、「自分がこうしたいから」と説明できたときは、すぐに買ってもらえたそうです。

ザッカーバーグさんの両親はどちらも医師で裕福な家庭なのですが、安易にものを買い与えず、「自分が本当に欲しいものなのか」をいつも考えさせていた。それが1000億ドル超の資産を築いた彼の土台になっているのです。

◆品物が売れる・売れないも自分の「基準」で変えられる

以前、銀座の画廊の社長からこんな話を聞きました。

知名度が同じくらいの画家が2人います。画家Aの絵は全然売れなくて困っているけれど、画家Bの絵は売れる。両者に同じ質問をしたそうです。
「あなたはどういう思いで絵を描いているの？」
画家A「私は認められたいし、有名にもなりたい。世間からもっと評価されたいです」
画家B「私は描きたいものを描いているだけです。他人に評価されなくても、かまわない」

おわかりのように、**画家Bが「自分基準」**です。周囲の評価や名声にこだわっている画家Aよりも、自分の信念を貫いている画家Bの作品のほうが人の心を動かすのです。不思議ですね。お客さんのほうから「いくらだったら売ってくれますか？」と聞かれ、高値がつくのは、売る気があまりない画家Bの絵なのだそうです。
このように、**思考の違いによって現実が変わってくる**のです。

◆他者基準になり成績が低迷した羽生結弦《ゆづる》選手

2019年12月に開催されたフィギュアスケートの世界大会、ISUグランプリファイナルの話をしましょう。このとき、羽生結弦選手が優勝候補として出場していたのですが、1位はネイサン・チェン選手。羽生選手は40点以上の大差をつけられて2位に終わりました。

「どうしたんだろう?」と、私は驚きましたが、記者会見を見て納得しました。「どういう思いでフィギュアをやっているんですか?」という記者の質問に、チェン選手は「フィギュアを極めたいだけ」と答えます。

一方、羽生選手は「とにかく、チェン選手に勝ちたかったんです」と、隣のチェン選手に寄りかかるような仕草をしたのです。

羽生選手はいつから他者基準になってしまったのでしょうか。いまはどうかわかりませんが、このときは、「他者との関係に目標を置いたことがよくなかったのでは?」と私は分析しています。

◆パターン④　思考の起点の時間軸「過去基準」と「未来基準」

何かをやろうとしているとき「**なぜ**それをやりたいのか?」、うまくいかないときに「**なぜ**うまくいかないのか」と考えてしまうことを過去基準といいます。過去の体験が起点になっています。**「なぜ」という言葉を使うと、過去に焦点が当たる**のです。

一方、何かをやろうとしているとき、**「何のために**これをやりたいのか」、うまくいかない場合に**「何のために**うまくいかないのか？」と、今後うまくいくための活用法を考えることを未来基準といいます。「何のために」というのは、将来の目的が起点になっています。

◆物事が前進しないのは「過去」に焦点が当たっているから

車の運転にたとえるなら、過去基準は前方確認を怠り、バックミラーで後方をチラチラ見ながら目的地へ向かっていくようなもの。いつ事故を起こしても不思議ではない、危険極まりないパターンです。そして未来基準は、後方をときどき注意しながらも、前方をしっかり見て安全運転で進んでいくパターンです。

無自覚なままに行動していると、どうしても過去の記憶を参照して行動を決めがちです。何かをやろうとしても、「飽きやすい性格なので、新しいことをはじめても途中で投げ出してしまうんです」「友達より良い成果を出したことがないから、自信がありません」などと言い訳をします。**過去の記憶に焦点が当たりがち**になり、前に進めなくなるのです。

◆人間の運動神経は「未来」に焦点を当てると活性化する

以前、アメリカの大学でこのような実験がありました。
脳波計をつけた被験者に複数の質問を投げかけ、脳の特定の部位がどのように反応するかを調査するというものです。

Q1「去年の誕生日は、何をしていましたか？」

これには脳がまったく反応せず、脳波計はピクリとも動きませんでした。

Q2「今年の誕生日は、どのように過ごしたいですか？」

今度は脳内の運動神経を活性化させるように指示を出す部分が激しく動き出したのです。
過去に焦点が当たっていると脳は無反応で、未来に焦点が当たると活性化するわけです。

◆パターン⑤　成功のカギ「プロセス型」と「オプション型」

何かをやろうとするとき、うまくいく方法を誰かから与えられることを望むタイプをプロセス型といいます。圧倒的に日本人に多いパターンで、過去の正しい方法やうまくいくやり方にこだわるのです。過去に焦点が当たっているので、過去基準もついてきやすくなります。

一方、何かをやろうとするとき、実現させる方法や選択肢、ルールを自分で編み出したいタイプをオプション型といいます。最終ゴール＝未来に焦点が当たっていますので、未来基準になる場合が多いです。

業種や事業内容によって、オプション型とプロセス型のどちらが優先的になるかは変わります。オプション型は、成功している起業家や経営者に多く見られます。

そして、**間違いが許されず、規制やルールが非常に多い職種**はプロセス型です。過去の判例をもとに判決を下す裁判官はその典型と言えます。教育者や医療従事者にもプロセス型の要素が求められます。

プロセス型は、誰かにやり方を教わって、それがうまくいかなかったとき、「これは私が選択したことではない」と、言い訳しやすくなります。また、過去に焦点が当たっているので、運動神経が動きづらくなります（29〜30ページ参照）。

それに対してオプション型は、うまくいってもいかなくても、自分の責任だという前提があります。だからうまくいくのです（主体行動型・自分基準でもあるため）。

◆プロセス型で過去基準だった経営者のケース

病気の相談で私のもとを訪れた、ある女性経営者の事例をお話ししましょう。

何度目かの訪問だったのですが、どうして会社経営を始めたのか、その理由を改めて聞かせてもらいました。すると、起業した過去の経緯を長々と話し始めたのです。つまりこの社長は、**仕事をプロセス型で捉えていることが判明**したのです。

経営者が仕事に費やす時間と労力ははかり知れません。ですが、プロセス型で脳が過去を基準にものごとをジャッジしていると、うまくいかないときに「自分が決めたことではないのに……」という不満がどんどん湧いてきます。そしてストレスが増大し、病気になってしまったのかもしれません。

それに対して、オプション型の人は、「私は○○を実現したいから起業しました」と、未来における「つくり出す価値」について話します。その場合は、「いまはちょっとしたボタンの掛け違いで病気になっただけですから、改善することは可能でしょう」と、私はお伝えしています。

◆パターン⑥　結果と過程の比重「人間重視型」と「物質タスク重視型」

何かをやろうとするとき、楽しさやワクワク感などの感情、不安や恐れを避けることなど、体験の途中に焦点が当たり、人間的な感覚を重視するタイプを人間重視型といいます。

一方、何かをやろうとするとき、それが達成されたらどういう結果がもたらされるのか、達成された後のことに焦点が当たり、物質的、タスク的なことを重視するタイプを物質タスク重視型といいます。

◆人間重視型に陥って結果が出せなかったアスリート

セミナー等でよくお話しするのですが、このメタプログラムを理解するには、フィギュアスケートの浅田真央選手がもっともわかりやすい例です。

２０１４年のソチオリンピックでは、浅田選手は金メダル最有力候補でした。ところが、直前練習で取材陣に「今回のオリンピックはどうしたいですか？」とマイクを向けられたとき、浅田選手はこんなことを言っていました。

「自分の演技がしたいです」

私は「危険なことを言い出したな。これは金メダルを逃すかもしれないぞ」と思いました。覚えている方も多いと思いますが、ショートプログラムではまさかの16位発進。その後のフリープログラムで持ちなおしたものの、結果は総合6位。メダルすら取れませんでした。まさに、**人間重視型に陥っていたことが原因**です。

「自分の演技をすること」に意識を向けたことで、「結果を出す」という目標がブレてしまったのです。けれど、その後の世界フィギュアスケート選手権２０１４の大会前は「やりきったと言えるように終わりたいです」と彼女は記者に答えます。今度は好成績だろうと思っていたら、予想通り、見事優勝です。

コーチの助言があったのでしょうか。詳しいことは知る由もありませんが、**試合後のことに焦点を当てた、物質タスク重視型の脳の動かし方に変えたことが結果につながった**のです。

アスリートの例をもう１つ挙げましょう。なでしこジャパンの愛称で知られるサッカー日本女子代表でも、同じようなことがありました。2011年のFIFA女子ワールドカップで優勝した次の大会、2連覇を懸けて戦った2015年のカナダ大会でのこと。アメリカとの決勝戦の前日の記者会見で佐々木則夫監督がこのような発言をしたのです。

「目標だった決勝まで来ました。あとは自分たちの試合をしてくれればいい」

あと一歩で優勝というタイミングで、「自分たちの試合をする」という人間重視型の目標を掲げた結果、惨敗してしまいました。

◆物質タスク重視型に切り替えて売り上げを伸ばす方法

コンサルティング会社に転職した後、私のセッションに申し込んできたYさんの話です。

「営業ノルマが達成できなくて……。会社にいづらいのです」

かなり仕事に疲れている様子。そこで、彼の意識がいまどこに向いているかを確かめる質問をします。

「あなたが営業の仕事で大切にしていることはなんですか？」

「充実感ですね」

先ほどの浅田選手と同様、危険な言葉です。

「なるほど。では、その充実感を味わったその先に、何を得たいと思っていますか？」

「……仲間との一体感が欲しいです」

さらに危険な言葉が出てきたな、と思いました。「充実感」も「仲間との一体感」も、人間重視型の基準です。でも、仕事で成果を出したいなら、物質タスク重視型にスライドさせる必要があります。そこで、さらに質問をしてみました。

「確かに仕事において、充実感も、仲間との一体感も大切ですよね。そして、充実感と仲間との一体感を得たら、その先、上司の評価、あなたの給与はどう変わると思いますか？」

突然慣れていないメタ無意識の言葉が入ってきたので、Yさんはキョトンとした表情をしました。そして、「どうだろう、上司の評価はどう変わるかなぁ……。そうすると給料はどれくらい上がるのかなぁ……」と、想像を始めたのです。

その1か月後、「おかげさまで、初めてノルマを達成しました！」と、Yさんからメールが来たのです。「まるで言葉で魔法をかけられたようです」と大喜びしていました。私はただ、人間重視型になっていたメタ無意識を物質タスク重視型になるよう調整しただけなのです。

◆パターン⑦　喜びの焦点「目的基準」と「体験基準」

得ようとしていること、やろうとしていることが、最終的な目的、生きる目的を達成することに喜びを感じるのを目的基準といいます。体験したあとに生きる目的があります。

それに対して、得ようとしていること、やろうとしていることが、楽しさやワクワク感、心地よさなど人間的な感覚を得ることが目的になっているのを体験基準といいます。体験の途中に生きる欲求があります。

この目的基準と体験基準は、生命力を分けることになります。

◆強制収容所からの数少ない生還者は目的基準だった

第二次世界大戦中、1933年から1945年にかけて、ナチスドイツは反政府分子やユダヤ人をはじめとする異教徒を強制収容所に収容し、大量虐殺しました。

私が敬愛するヴィクトール・エミール・フランクル先生（オーストリア系ユダヤ人の精神学者・心理学者）は強制収容所から生還した1人で、1946年に出版された『夜と霧』によると、当時ヨーロッパに住んでいたユダヤ人の3分の2が強制収容所で亡くなっているそうです。誰もが「収容所から出たい」と切望していたはずですが、大半の人は命を落としてしまいました。その中でも生き残れたのは、どういう人たちだったのでしょうか？　フランクル先生の『夜と霧』には、「生き残った人たちに共通点はあるのか」というテーマで研究に取り組んできた結果も記されています。あるパン屋の店主はこんなことを言っていました。

「俺はこの戦争が終わったら、もう一度故郷でパン屋を開いて、焼きたてのパンの香りを街中に広めて住民を喜ばせたい。こんな所にいる場合じゃないんだ」

あるピアニストはこんなことを語っていました。

「いまは世界中が大戦で疲弊している。私はピアニストとして世界中でリサイタルをやって、世界中の人々を癒すんだ。こんな所にいる場合じゃない」

このように、生還者の多くは、「収容所の外の世界」に人生の目標を明確に持っていた。目的基準だと生命力が強化されるという、実に興味深い話です。

フランクル先生自身も、つらい生活から距離をおいて超越した心になろうと思い立ち、「いま、私はウィーンの市民大学で講演をしているのだ」と想像したそうです。

壇上にあがって話すテーマは、「強制収容所の心理学」。いままさに自分が向き合っている過酷な現実が、人の心理にどのような影響を及ぼすのかを、「収容所から解放された未来」の視点から語っていたそうです。

そして、その光景は現実のものになったのです。

◆パターン⑧ トラブルの対処方法「悲観基準」と「楽観基準」

やろうとしていることがうまくいかなかったときや、問題が起こったときに、「嫌なことになった」ととらえるパターンを悲観基準といいます。不安や恐れに焦点が当たり、すべてをネガティブにみてしまいます。

一方、楽観基準は、やろうとしていることがうまくいかなかったとき、問題が起こったときに、どうすればうまくいくかを考え、「面白い！」「新しいやり方を開発するチャンスだ！」とポジティブにとらえます。

◆楽観基準の人はクラスターが起きても陰性の傾向に

２０２０年2月、横浜港に停泊していたダイヤモンド・プリンセス号で、新型コロナウイルス感染症の国内における最初のクラスターが発生しました。この船の乗客の診断医に、たまたま私のセミナーを受講されていた方がいて、印象的な報告を受けました。

ダイヤモンド・プリンセス号は大型のクルーズ客船で、乗客のほとんどがシニアのご夫婦でした。検査の結果、夫婦ともに感染したケースでは夫が重症化し、妻は発症せずに2週間ぐらいで陰性に変わることが多かった。そこには、ある共通点があったそうです。

重症化する夫は「もう俺はダメだ」と言い出し、無症状のまま陰性になる妻は、「なんとかなるわよ」と笑い飛ばしていたと――。

同じクルーズ船の同室で過ごし、同種のウイルスに感染していても、**悲観基準の人と楽観基準の人では、明暗がくっきり分かれた**のです。昔から「よく笑う人は免疫力が上がる」と言われますが、私もそう思います。

実際、笑うことでＮＫ細胞（がん細胞などの外敵を殺傷する免疫細胞の一種）がより活性化するというデータも多く報告されています。免疫研究の第一人者、藤田紘一郎先生の『笑う免疫学』（筑摩書房）という本に、アメリカのリー・ベーク博士が行った実験が紹介されていました。健康な医学生52人を対象に、お笑いのビデオを1時間鑑賞させ、その前後の免疫因子の活性を測定するというものです。

ＮＫ細胞の活性は、鑑賞前の平均は24％でしたが、鑑賞後は38％に増加したそうです。この効果はビデオ鑑賞後、12時間以上も持続したそうです。

◆パターン⑨　決断の基準「分離体験型」と「実体験型」

やろうとしていることに対して「やろう」と決断を下すとき、世の中の常識や、外部の権威、理性や理論に頼ろうとするのを分離体験型といいます。

一方、やろうとしていることに対して「やろう」と決断を下すとき、生きる目的に基づいた自分の信念や価値観に照らし合わせるのを実体験型といいます。

分離体験型と実体験型の違いは、脳の中での情報処理の仕方です。

何かをやろうとしているとき、実体験型は自分の「中」に入って判断するので、「これは私がやりたいことです」「これは私がやりたくないことです」「私はこれをやります」と言います。

それに対して分離体験型は、自分の「外」から判断しています。自分のやりたいことに関しても、「これは自分のやりたいことなのかなあ……」などと他人事のように言います。つまり、**体験が自分から切り離されて脳内で情報処理されるため、理解が追い付かない**のです。

では何がまずいのでしょうか。分離体験型は「自分の考えには価値がない」「自分には能力がない」という心理状態で判断するため、不快感があります。**その不快感をもたないように「能力のない」自分を切り離そうとするのですが、それが現実問題になっていくのです。**

◆自己決定感のない分離体験型は病気の原因にも

あるとき、私のもとを訪ねる方に病気を抱えた心理学の講師やトレーナーの方が増えたことがありました。体調がよくないと訴える講師やトレーナーの方に、私はこのように質問したのです。

「あなたが教えている○○心理学では、病気のことをどう説明するんですか？」

すると大抵、こんな答えが返ってきます。

「○○心理学では、病気はこういうものだと説明しています」

「○○博士が言うには、病気とはこういうものです」

「なるほど。では、今度はあなた個人に聞きます。あなたはご自分の病気のことをどう捉えていますか？」

するとまた、「〇〇心理学では……」「〇〇博士が言うには……」と言い出すのです。

「それは先ほど聞きました。〇〇心理学や〇〇博士は脇に置いておいてください。あなた自身は、ご自分の病気のことをどう捉えていますか？」

すると、ほとんどの人が言葉に詰まってしまいます。

学説や専門家の名前を引き合いに出すのは分離体験型の特徴です。こうした数多くのご相談によって、分離体験型になると健康を害しやすいことがわかってきました。

自分の考えには価値がないから、世の中の優れている理論や知識を使わなければいけない。だから有名な〇〇博士や〇〇心理学のトレーナーになって人に教えなければ。そういう心理状態だと、人に教えれば教えるほど「自分には価値がない」と、自分を繰り返し責めていることになります。まさにＴＮＦ－α因子（炎症を起こす物質）が自分を攻撃しているようなもの。だから病気になりやすいのです。

何かを学ぶにしても教えるにしても、実体験型であれば健康に好影響を与えます。しかし分離体験型だと悪影響が出る可能性があります。

もし、世の中にさまざまな価値をもたらそうとしている自分をイメージしたとき、自分の姿が客観的に見えていたら、分離体験型になっています。

苦しかったこと、昔のつらかったことを考えるときは、自分から離れて客観的に分析するために、分離体験型になるのはかまいません。しかし、**うまくいく自分をイメージするときは、ちゃんと自分の「中」に入って実体験型になる**必要があります。

◆パターン⑩　行動を起こすときの心理状態「義務」と「欲求」

得ようとしていること、やろうとしていることを行動に移すとき、「やらなきゃ」「やるべきだ」という言葉が浮かぶのを義務といいます。

それに対して、得ようとしていること、やろうとしていることを行動に移すとき、「やろう」「やりたい」という言葉が浮かぶのを欲求といいます。その行為は義務でやっているのか欲求でやっているのか、ということです。

たとえば「生活費を稼がなければならない」「あいつらを見返すために成功しなければならない」といったように**義務でやろうとすると、頑張るほど脳の苦痛系が動きます。**すると潜在意識は事故や病気などを引き寄せ、「一回見直して！」と、行動にブレーキをかけるのです。

「世の中が進化成長していくのは面白い。だから私はそういうビジネスをする」。欲求で動けば脳の報酬系が動き、結果が違ってきます。

◆義務から欲求にシフトして売り上げが倍増したケース

約1年ぶりに私の個人セッションを受けに来た、ある会社のオーナーの話です。「ここ半年、売り上げが伸び悩んでいる」ということで、ビジネスの現状からうかがいました。

「社長、1年ぶりだから覚えてないかもしれないですが、『売り上げは上がるべきだ』と思っていませんか？」

「ええ、売り上げは上がるべきでしょう。そのために広告費や優秀な人材を確保する採用費には莫大な金をかけていますから……」

「もう一度言いますね。売り上げ、上がるべきって思っていませんか？」

「べき」のところに力を込めて、再度言いなおしたところ、オーナーは「あ！」と、何かを振り払うようなジェスチャーをして、こう言ったのです。

「売り上げが上がるべきって、また思っていました」

昨年私が言ったことを思い出してくれたのです。「売り上げが上がるべき」と言うと、裏には「売り上げが上がらないのでは」という不安が隠されています。だから、売り上げは上がるべきと、義務の思考が出てくるのです。また、「自分が決めたことじゃないけどね」というエクスキューズ（言い訳）と紙一重になっていて、「売り上げが上がらなくてもしょうがない」という、厄介なフレーズを呼び覚ますのです。すると、脳内でどんなことが起きるでしょうか？

「売り上げを上げるべきだ、上がるべきだ」

◀

「売り上げは上げられないんじゃないか、上がらないんじゃないか」

これは、**アクセルとブレーキが同時に踏まれた状態**ともいえます。これでは動くに動けません。売り上げが伸び悩んでいた原因は、これだったんです。そこで私は改めて聞きました。

「社長、何のために売り上げを伸ばしますか？」

「こういう目的のためにビジネスをする。そして今年、こういう数値目標を達成する」

「欲求」のフレーズに言いなおし、改めて、ビジネスの展望を定義付けました。この言葉が出てきたら安心です。案の定、すぐに売り上げは回復しはじめ、2か月後には前年比の2・4倍になったそうです。

◆パターン⑪　自己認識の違い「限定的自我」と「絶対的自我」

自己認識とは、自分は誰か、どういう人なのか、という判断です。

得ようとすること、やろうとすることがうまくできないとき、自分は劣っている、自分は価値がない、自分は欠けているという感覚がある場合は限定的自我といいます。

たとえば「お金が稼げない自分はダメだ。お金があれば私はOKだと思う」「病気の自分はダメだ。健康なら私はOKだと思う」など、条件が揃わないと自分はOKではないという感覚です。

それに対して、得ようとすること、やろうとすることがうまくいかなくても、自分には価値がある、自分は完璧だなど、そもそも自分はOKなのだという感覚がある場合を絶対的自我といいます。「自分は完璧。たまたま今貧乏だけどね」「自分は完璧。たまたま今病気になっているけどね」。私はすでにOKなのだという感覚です。

このセルフイメージ＝人格の投影として現実はつくられていきます。

「自分には何かが欠けている。欠けている自分はダメだ」という感覚があると、「自分はダメだと言い続けたいんですね。では欠けた自分でい続けなければいけないですね」と、限定的自我でい続けるために、潜在意識は成果を出さないように動きます。

絶対的自我ならば、いまは貧乏や病気をしていても、「私はそのままで幸せなんですね」と、潜在意識は「私は幸せ」「私は完璧」だと思う現実ばかり集め始めるのです。

◆限定的自我によって裏の自分が表の自分を壊しにくる

数々のドラマや映画で主役級を演じていた若手俳優。きれいな女優の奥さんと、子どもたちにも囲まれて、順風満帆の人生でした。しかしあるとき、若い女優との不倫が報道され、ワイドショーの格好の標的になり、一瞬にしてお茶の間から消えていきました。

一方こちらは、デビュー以来主役として第一線を走ってきた女優さん。個性的でありながら清純派の魅力があり、老若男女から人気でした。しかしあるとき、自身が薬物使用で逮捕され、番組は降板、いまだ芸能界に復帰できていません。

このように、表舞台で活躍していた人たちが突然消えてしまう。これは、裏で限定的自我が働いていたと考えられます。「私はこんなに表舞台で活躍するような人間ではない。本当の私には価値がない。だから表の自分を壊さなければ」。そうして裏の自分が、華やかに活躍する表の自分をガシャーンと壊しにくるのです。

◆絶対的自我に「調整」して一日を終える重要性とは

では、ビジネスパーソンの場合はどうでしょうか。

日々多くのタスクを抱え、ときには目標を達成できないこともあるでしょう。そのたびに「また目標達成できなかった」「自分は欠けている」「うまくできない自分はダメだ」とつぶやく人も中にはいるでしょう。

しかし、こんなつぶやきを続けていると、**限定的自我が強化され、仕事や健康に不都合な影響を与えてしまいます。**ですから毎日、絶対的自我に調整してその日を終えることが大切です。

その日のやることリストを設定し、「今日はここまでやろう」と決めて取り掛かったとします。しかし、今日中にやるべきことが60％しかできなかったとき、「40％もやり残してしまった。自分には能力がない」とつぶやいたら、限定的自我が育ってしまいます。そこでこうつぶやくのです。

「これで完璧。残りの40％は明日やるものだ」

残りの40％は次の新しい目標として見立てるのです。もし翌日、クリアできず、50％のタスクが残ったとしても、こうつぶやけばいい。

「これでOK、完璧」

そして残りの50％は次の新しい目標として見立てます。これを繰り返していくのです。

こうして日々、**「私は完璧で、毎日目標を達成している人」という前提が生まれ、その前提から現実がつくられます。**これが絶対的自我がうまくいくしくみです。

こう言うと、しばしばこういう質問をされます。

「60％しかできていないのに、これで完璧とか言うと、満足して向上心がなくなってしまうのではないですか？」

これは気合いや根性論であり、多くの日本人に見られるうまくいかない理由の1つです。気合いや根性論は「自分には何かが足りない」という感覚がずっとつきまといます。

一日を「うまくいかなかった」で終わると、「人生は思い通りにならない」「私はいつも目標達成できない人生を送っている」という前提になります。ですから、**いざ目標達成思考になるとブ**

レーキがかかります。なぜなら、自分の信念に反するからです。これが限定的自我の原因です。

日々さまざまなことがあり、時に「自分はダメかも」と思うこともあるでしょう。しかし、「私は完璧」とつぶやき、課題は次の目標として一日を終え、絶対的自我に再設定し続けていく。これは非常に大切なことなのです。

◆パターン⑫ 本気度を示す「結果期待型」と「結果行動型」

得ようとしていること、やろうとしていることがあるとき、条件がそろったら行動に移そうとするのが結果期待型です。条件がそろうことを期待しているのです。

それに対して、得ようとしていること、やろうとしていることがあるとき、まず条件をそろえようと行動を起こすのが結果行動型です。

たとえば、「今月、1000万円欲しいな」と思ったとしたら、「宝くじでも当たったらいいなあ」と期待しているのが結果期待型です。

一方、結果行動型は、「今月1000万円用意しないと会社が倒産するぞ。だったら銀行になんとかしてお金を借りよう、親戚に頭を下げてお金を集めなきゃ」と必死になります。必要のあることだけ、人は行動に移します。**本気だと人は体を動かそうとするのです。**

◆結果行動型でない限り脳は「本気」と捉えない

ここに店を開きたいと考えているAさんとBさんがいます。さて、どちらが結果を出しやすいでしょうか。

Aさん「貯金が100万円貯まったら夢である店をはじめたい」
Bさん「夢である店をオープンするために、今100万円を貯金中です」

やるために貯金をする。貯金ができたらやる。100万円貯めることは似ていますが、脳が本気にするかどうかで結果がまったく違ってきます。

Bさんは、条件をそろえるためにまず動いています。結果行動型なのです。「夢である店をオープンすることありきですね。本気なんですね。じゃあサポートしましょう」と脳は捉えるので、潜在意識が動いてくれます。

一方Aさんは「条件がそろったらやる」と言っている、結果期待型なのです。脳は「その夢は条件付きですか。本気ではないのですね。だったら本気になるまで昼寝してます」というわけです。これではうまくいくわけがありません。

脳は日々、膨大な情報を処理していますから、余計なことにエネルギーを費やしたくないのです。だから、思いつきレベルの願望には反応してくれません。

本気で実現させたいと思うなら、**結果行動型の脳の動かし方をする必要があります。**

さて、以上12パターンの「メタ無意識」によって、あなたが日々、どんな行動パターンで動いているか、どんな価値観をもとに生きているかがわかったでしょう。

普段なにげなく使っているフレーズや口癖。これらはすべて、メタ無意識の形成に影響を及ぼし、あなたの行動を操り、進路を決定づけているのです。

「人生うまくいかないなぁ」と感じているなら、自分自身のクセやパターンをまず知って、固定された思い込みを解除する作業が必要です。長年にわたってつくり上げられた思い込みは、瞬時にして解除できるものではありません。

しかし、「その価値観は、そもそもどこから来たのか」を解明できれば、大きく前進できるのです。そのファーストステップを踏み出すのに欠かせない要素が、本書のテーマでもある「脳内の親」です。次章では、最新研究によりわかってきた脳のしくみと、「脳内の親」が引き起こす誤作動について解説しましょう。

第2章

脳は思ったことと逆に動く！
「無意識のわな」がつくられるまで

東京大学大学院との研究で発見された新たな謎

◆「梯谷《はしがい》メソッド」を裏付ける有力な2つの研究報告

いまから数年前、「言葉の力で病気をやめさせる」という私の心理メソッドが注目を集めはじめた頃のことです。「そのメソッドが具体的にどのように脳に作用するのかを解明したい」と、東京大学大学院に研究を依頼しました。さっそく助成金を納める形で正式依頼をし、２０１８年からプロジェクトがスタートしました。

ラットでの動物実験などを積み重ね、少しずつ研究は進んでいますが、すでに大変興味深い２つのレポートが提出されています。

１つめは、**「生き残りたいと強く思うと、脳は苦痛な記憶を保存しようとする」**というもの。２つめは、**報酬系と免疫機能に関する成果です。「脳の報酬系を刺激するとＴＮＦ－α因子が増殖する」**という内容でした。

◆脳の神経回路の一種である「報酬系」と「苦痛系」

報酬系とは、脳にある神経回路の一種です。「うれしい」「楽しい」といったポジティブな情報を処理する回路で、ここに刺激が加わると、３種類のホルモン物質（快楽や幸福感の素となるドーパミンとセロトニン、愛情や喜びを感じるオキシトシン）が分泌され、いわゆる恍惚状態になることがすでに解明されています。

そして今回、その**報酬系に人工的な刺激を加えると、「TNF-α因子」という物質が増殖する**ことが新たにわかりました。TNF-α因子は、**別名「腫瘍壊死因子」ともいわれる免疫細胞**です。

外部から入り込んだウイルスやがん細胞などをやっつける役割を持っていますので、病気治療に大いに貢献できると考えられます。この報告は2019年3月に国内の学会で発表されましたが、同年10月にはアメリカの2学会でも発表されています。

メンタルトレーナーとしての長年の経験から、私は**「脳の報酬系を正しく動かせば、がんなどの病気は勝手に消えていくのではないか」**と考えていて、実際にその通りになった例もたくさんあります。東京大学大学院のこの報告はまさに、この仮説を裏付けるものだったのです。

報酬系を刺激すると、TNF－α因子が増殖して病気が治癒したり、症状が軽くなったりすることはわかりましたが、ここで大きな疑問が湧いてきました。**TNF－α因子が増殖すると、自己免疫疾患を患う方々が出てくる場合もあるのです。**

これは、自分自身の正常な細胞や組織を攻撃してしまう、原因不明の病です。幸せや喜びを感じて、脳の報酬系が動いているはずなのに、なぜかTNF－α因子が自分を攻撃し始めてしまうのです。

この病気にかかった人の脳内では、何が起きているのでしょう？　難病指定されている膠原《こうげん》病《びょう》や関節リウマチなども自己免疫疾患ですが、新型コロナウイルス感染症も、サイトカインストームと呼ばれる自己免疫疾患の一種です。

この謎を解くカギとなるのが、1つめの研究報告です。**「生き残りたい」と思うほど、脳は苦痛な記憶を保存しようとする――。**どうやらこれが関係しているようです。

神経回路「苦痛系」が動いたときの脳内の働き

◆2つのストレスホルモンが思わぬ病気を招く

報酬系は喜びをつかさどる回路ですが、これに対して、苦痛な情報を処理する神経回路も存在します。これを私は**「苦痛系」**と呼んでいます。苦痛系が動くと、2種類のストレスホルモンが分泌されます。

1つめは、**コルチゾール**。脳の視床下部から下垂体を通って副腎皮質に指令が出され、脳の記憶をつかさどる海馬に分泌されます。コルチゾールは免疫機能を抑制し、血糖値を上昇させます。

2つめは、**アドレナリン**。脳の視床下部から脊髄と交感神経を通って、副腎髄質《ふくじんずいしつ》に指令が出ることで分泌されます。アドレナリンは、心拍数や血圧を上昇させて免疫機能を低下させ、血糖値を上昇させます。

これらのストレスホルモンは、血流とともに全身に行きわたり、体内のさまざまな臓器や自律神経に「非常事態だぞ」というシグナルを送る。恐怖や嫌悪など、強いストレスを受けたときに胸がドキドキするのも、ストレスホルモンのせいです。

ネガティブな出来事に反応してストレスホルモンが放出されると、脳もストレス状態に陥ります。これを私は**「危機回避モードに入る」**と表現しています。

強いストレス反応を日常的に繰り返していると、やがて臓器をむしばむような深刻な病気を引き起こします。うつ病などの精神疾患も、脳が強いストレスに晒されることで発症することがわかっています。

精神科や心療内科では、うつ病の患者さんに抗うつ薬を処方しますが、抗うつ薬にはドーパミンやセロトニンを分泌させる成分が含まれています。**薬の力で報酬系を覚醒させることで、症状を改善していく**のです。

◆報酬系を刺激し脳を「成長モード」に移行する

もちろん、薬に頼らなくても、報酬系を動かすことはできます。

肉体的にリラックスした状態に身を置き、喜びや愛情を感じるように脳の動かし方を変えていく。これだけでも、ドーパミンとオキシトシンの2種類が分泌され、危機回避モードから抜け出すことはできます。

私はこの状態を「成長モードに移行する」と表現しています。セミナーや個人セッションでは、参加者が穏やかで幸せな気持ちを喚起するよう、さまざまな質問を投げかけていきます。

ですが、そもそも**ストレスホルモンは悪ではありません。**

適度に分泌されていれば、人生を後押ししてくれる存在です。「疲れたな」と思うのは、心と体を休めるように促すサインですし、瞬発力が求められる場面では、ドーパミンが分泌されることで大きな成果を出せることもある。

では、なぜ、このような誤作動を起こして自分の足を引っ張るのか。

残念ながら、深刻な病気を引き起こしてもなお、ストレスホルモンを分泌し続けていることに気づかない人が多いのです。**長い間、報酬系を動かさずにいると、ポジティブな言葉への反応も鈍くなる**ので、1度や2度のセッションでは効果が出ないケースもあります。

病気に苦しんでいる方の相談を聞いているうちに、私はある共通点に気づきました。病気になる人は、生きる目的、喜びの持ち方を間違えているのではないか。口からは前向きな言葉が出てくるのに、現実ではどんどん望まない出来事が起きてしまう。

そして、カウンセリング中、**彼らの体が常に緊張している**のも気になりました。これは、血流が偏って免疫力が下がっているのではないだろうか。そのせいで、体に不具合が発生しているのではないだろうか――。

体の緊張は、血流が筋肉に偏ることで起こります。野生動物が天敵に遭遇したときは、瞬時に体を硬くして臨戦態勢に入りますよね。人間も同じです。

全速力で逃げるか、手に武器をとって敵を撃退しなければ食われるぞ。そんなふうに命の危機を感知すると、全身がこわばった状態になる。すると内臓に行くはずの血が急激に減り、栄養不足に陥ります。臓器を動かしている場合じゃない、というわけです。

通常、この状態は一時的なものです。「もう大丈夫。危機は過ぎ去ったな」と脳が判断すれば終わります。

ところが、筋肉がこわばったままの状態が続き、元に戻らなくなる病気があるのです。たとえば、ＡＬＳ（筋萎縮性側索《そくさく》硬化症）です。

統計上は男性がかかりやすい病のようですが、近年では美容家の佐伯チズさんが罹患され、公表からわずか３か月で亡くなりました。最後は車椅子だったことを考えると、おつらかったことでしょう。

◆脳こそがネガティブな現実を引き寄せている

佐伯さんは美容のカリスマとして、華々しいキャリアを歩んでこられた方ですが、ＡＬＳを公表された際、「頑張りますから、ついてきてくださいね!」とファンの方に力強いメッセージを送っていたことが、私はずっと気になっていました。

メディアには、「ポジティブな気持ちを保つことで、病気を克服しました」といった成功談があふれていますが、「本当にそうかな？　鵜呑みにするのは危険じゃないかな？」と私はかねがね疑問をもっていました。

前述したように、「こうしたい、こうなりたいと思っているのに、なぜか状況がどんどん悪くなる」という相談者があまりに多かったからです。その経験から、私は**「脳は望んでいることとは逆に動く」**という仮説を立てるようになりました。

本人が意識して「前向きな言葉」を使うようにしても、その背景に、**恐怖や不安をおおい隠したい気持ちがあると、脳はむしろ足を引っ張ろうとする**ようだ、と。

「生き残りたいと強く思うと、脳は苦痛な記憶を保存しようとする」という、東京大学大学院の１つめの研究報告は、まさにこの仮説を裏付けるものでした。

なぜ、喜びや快楽を感じる自分を攻撃するのか？

◆願う心と反対の気持ちを抱く「二重拘束」というわな

二重拘束という言葉を聞いたことがありますか？

ダブルバインド（Double bind）とも呼ばれ、心理学を学んでいる人にはおなじみのキーワードですね。

アメリカの文化人類学・精神医学の研究者であるグレゴリー・ベイトソンさんという人が提唱した概念です。

これは、**2つの矛盾するメッセージを受け止めた結果、どう反応していいかわからなくなって、身動きが取れなくなる状態**を指しています。本来は、親子間のコミュニケーションの問題から発生した概念だそうです。

母親が「こっちに来なさい」と笑顔で子どもを呼び寄せる。呼ばれた子どもが母親のもとに駆け寄り、抱きつこうとする。すると母親は子どもを突き飛ばす。

言語では「おいで」と子どもを受け入れているのに、行動では拒否する。このように矛盾するメッセージを子どもに繰り返し与えると、その子どもは他人に対して疑心暗鬼になってしまう。そして、大人になった後も、人間関係に支障をきたしてしまう、という内容です。

二重拘束は通常、二者間で起きるコミュニケーションの矛盾を指摘するものですが、顕在意識と潜在意識の間でも、このような矛盾は存在します。

たとえば、楽しいことをしたい、幸せになりたい、という願いはどんな人にもある根本的な欲求ですね。

しかし、そう願うと同時に、「私には価値がないのだから、幸せになってはいけない」「私が幸せになると、親の苦労を際立ててしまう」「周りが大変な思いをしているなか、自分だけ楽しい思いをしてはいけない」「家族がつらい立場にあるのに、先に私が幸せになってはいけない」という葛藤が生まれることも数多くあるのです。

◆約1年分の差がある「3月生まれ」の子どもの葛藤

知人と雑談をしているとき、「3月生まれの人は、幼い頃に共通の葛藤を抱いていることが多い」という話になりました。

ご存じのように、日本では、4月2日を境に学年が区別されます。すると、4月1日までの生まれの子どもは、前年の4月2日以降の生まれの子どもと同じグループになりますから、発育や知識がおよそ1年分遅れていることになる。同級生との差を実感しながら、同じ教室で席を並べるのは、なかなか大変なことです。

「私は遅れを取っているから、あの子の何倍も頑張らなくてはならない」
「自分を甘やかしちゃいけない」
「身体能力も知識も1年分遅れている」

このような葛藤が、3月生まれの子どもに起きがちな病気の原因ではないか――というのです。

私は2月後半の生まれですので、その葛藤には心当たりがありました。小学校1年生から6年生までずっと、クラスの男子の中で一番背が小さくて、両手を腰に当てる「前へならえ」のポーズしかしたことがなく、朝礼や式典のたびにコンプレックスを味わっていました。

「俺はみんなから遅れを取っているから、もっと頑張らなくては」

そんなことはすっかり忘れていた私ですが、27歳で独立起業した後、「休みたいな」「たまには遊びに行きたいな」と思うたびに、「いやいや、休んだら負けだ」「まだまだ頑張れるはずだ」と自分を追い込んでしまいました。

結果、マイコプラズマ肺炎、大腸ポリープ、腎臓結石……さまざまな大病にかかりました。右の足が血栓だらけになり、切断寸前になった時期もあったほどです。

子どもの頃の思考のクセが「休みたい」「いやダメだ。休むわけにはいかない」という二重拘束状態をつくりだし、自分の体を痛めつけていたのです。

「脳が逆に動く」という恐ろしいメカニズム

◆安心したいのに危険が増す⁉　「逆に動く」脳の構造

私が研究助成金を出して研究してもらっている東京大学大学院の先生から、こんな報告が届きました。

「動物実験でわかったことがあります。生き残りたい、安心・安全が欲しいと思うと、**脳は苦痛な記憶ばかりを保存したがる**のです」

なるほど、と私は思いました。人間も同じだからです。

生き残りたいと考えることで、「生き残りたいと言い続けたいんですね。だったら、死を意識する記憶が必要ですね」と脳は動き始めます。脳は全てを肯定的に取り、逆に動きます。これが、苦痛な記憶ばかりを保存したがる原理です。生の対比として死を意識する記憶が必要なのです。

死を意識するから「生き残りたい」と言い続けられます。

そして、「死を意識する記憶をつくるためには、それに見合う現実を集めなければいけないですね」と、病気になってみたり、事故に遭ってみたり、自然災害や有名人が亡くなるニュースを見てみたりして、死を意識する記憶を集め始めたりするのです。

安心・安全が欲しいと思うと、「安心・安全が欲しいと言い続けたいんですね。だったら、反対である苦痛なことや危険なことを集めないといけないですね」と脳は動きます。だから、**苦痛な記憶、危険な記憶をつくるために、苦痛で危険な現実を集め始めてしまう**のです。

つまり、強い生存欲求がある限り、生き残りたいと思うので、死を意識する出来事ばかりが集まってしまうわけです。命を大事にするので、生きることに固執し、死が悪いものとして扱われていきます。

重要なことなので冒頭から何度も同じことを繰り返してお伝えしていますが、仕事が終わった後に嫌なことが待っていると思うと、仕事が憂鬱になってきます。それに対して仕事が終わった後に楽しいことが待っていると思ったら、仕事もはかどり、早く仕事を終わらせようと生産性が高まることさえあります。

それと同じで、死を悪いものとして捉えていると、誰もが死に向かって生きているにもかかわらず「嫌なことが近づいてくる」と、生きることが苦痛になってくるわけです。そして、目いっぱい生きることが不可能になっていきます。このように、**生きることが目的になっていると、人生はうまくいきません。**

何のために生きるのですか。

何のためにその命を使うのですか。

命は生きる目的を全うする道具にすぎません。あなたは何をする人なのか、目的をはっきりさせておく必要があるわけです。

命を大事にすると、「死にたくない、生きたい」と思うようになり、命に固執し始めます。すると、悪循環にはまってしまうのです。

◆心の裏にある言葉が現実化してしまうしくみ

出来事があったから信じ込みが芽生えるわけではありません。**もともと信じ込みがあるから、避けたいことが引き起こされる**のです。脳は逆に動きます。

たとえば病気をして、やりたいことがやれなかったという影響が出てきた場合、実は「やりたいことをやらないために病気になった」という流れがあります。脳は逆に動くからです。つまり、**「何のために、やりたいことをやらないことが必要だったか」**ということです。

よくある間違った動機付けが、「過去のこんなダメな自分を何とかしたいから」「バカにしてきた連中を見返してやりたいから」「貧乏な自分を何とかしたいから」。

ダメな自分を何とかしようという目的でやると、体を壊してしまいます。「ダメな自分」と「理想の自分」を同時に想像している二重拘束状態にはまっているのが原因なのです。

目的と脳の動かし方を間違えていると教えるために「考え直しなさい」「生き方を考えなさい」「世の中の捉え方を変えなさい」と**ブレーキをかけ、やりたいことをやらせないように脳は動く**のです。

ある女性が、ステージ4の舌がんになり、手術を受けることになりました。

私は彼女のブログを読み、ピンときたのです。舌がんの手術をすると言葉が不明瞭になり、意思疎通が以前より難しくなります。私は、それが**彼女の本当の目的**なのではないかと思いました。

さらにブログを読み進めると、やはり「私は理解されない人」という前提で文章を書いていることがわかったのです。

ステージ4の舌がんだと知ってまず夫に報告し、夫から子どもたちには説明してもらったと書いてありました。つまり「自分は理解されない」という前提であることがわかりました。

理解されないことを証明するために舌がんになり、「理解されない人」の仕上げをしようとしているのではないか。私はそこにブレーキをかけたかったのですが、彼女とコンタクトを取ることはできませんでした。

この場合、「理解されない人になるために手術をするのではなく、理解される人になるためにこの手術をするんだ」と手術前につぶやくかつぶやかないかで、術後の人生はまったく違ってきます。

心の裏にある言葉が現実化する。これが脳のメカニズムなのです。

こうした事例から私たちは何を学ぶべきでしょうか。

それは、**心の裏の言葉を変えること**です。たとえば、「私には価値がない」から「私はもともと価値がある」と変えます。価値がある自分は気持ちがいいですから、価値のある自分を表現しようとします。

そして、価値を周りに分け与えるようになり、「○○さんってとてもいい人ですね、価値がある人ですね」と認識され始めます。

「私は価値がある人」と決めているから、自分を認めてくれる人、価値を高めてくれる人を周りに集めたり、自分の価値を表現できるような仕事に就いたりするのです。そうすることで、さらに「この人は価値がある人だ」と周囲に認識されていきます。

心の裏にある言葉に合うように現実が用意されるのです。ここを見落としている人が少なくありません。起こった現実しか見ていないので、記憶が放置されたままになり、１つのストーリーになっていません。だから、人生が思い通りにいかないのです。

では、自分の心の裏の言葉がどうなっているかを知るにはどうすればいいでしょうか。それは結果から推測していくと、自然と解けるようになります。

◆ネガティブかポジティブかは脳が決めるもの

前向きな言葉をつぶやいても、脳が陰（ネガティブなこと）だと判断すると、その情報はネガティブなものとして保存され、「肯定的」に足をグイグイ引っ張る。このメカニズムはぜひ覚えておいてください。

では、どのように変換すればポジティブ脳に変えていけるのか？　私の答えはシンプルです。あなたが目の前のネガティブな現実を変えたいと思うなら、まず、**「それをネガティブなものだと捉えている自分のメタ無意識」を疑ってください。そして、別のメタ無意識パターンに変える。**これだけでＯＫです。

ここで、私の体験をお話ししましょう。10年ほど前から、私は日常的に自分自身のメンタルの状態をチェックしているのですが、お気に入りのバーで飲みながら自分の内面を探っていたとき、突然ネガティブな思いが湧いてきたのです。

「もしかして、自分で自分のことをバカだと思っているんじゃないか?」

メンタルトレーナーを生業にしているにもかかわらず、まだそんなネガティブな信じ込みが自分に残っていたのか、と驚きました。そこで、自分の信じ込みをリセットしたのです。

「バカということは悪いことだから、隠さなくちゃ」

◀

「いやいや、バカというのは、むしろいいこと」

◀

「バカはポジティブで、必要なことだ」

◀

「じゃあ、これからもバカでいよう！」

バカ＝ネガティブという思考と決別して、バカ＝ポジティブなことである、とリセットしました。このとき、モデルとして登場してもらったのが、アップルコンピュータの創業者スティーブ・ジョブズさんです。

子どもの頃は先生の椅子に爆薬を仕掛けたり、教室にヘビを放ったりするトラブルメーカーで、小学校3年生で停学処分になったジョブズさん。成長してからも奇行は止まらず、ビデオゲームで有名になった企業（アタリ社）にいきなり押しかけて、「私を雇うまでここを動かない」と座り込んだ話は有名です。起業後は風呂にも入らず裸足でオフィスをうろつき、「クレージーだ」「バカだ」と周囲をあきれさせました。

そのジョブズさんがかつて、アップルコンピュータのCMに登場して、こんなナレーションを読み上げていたのを私は強烈に覚えています。

彼らはクレージーと言われるが、私たちは天才だと思う。
自分が世界を変えられると本気で信じる人こそが、本当に世界を変えているのだから。

この言葉を思い出すたびに、「バカのままでいい。とんでもないバカになってやろう！」と力が湧いてくるのです。

「バカはいいこと！」というポジティブな器に差し替えてから約2週間後、見知らぬ人物から突然、こんな連絡がきました。

「梯谷さんのノウハウを独占販売したい。年間使用料3000万円払います」

その方はSNSで私のことを知ったそうです。このような申し出をいただいたのは初めてのことで、一瞬、心が動きました。しかし、長年の試行錯誤の末にようやく成果を得た技術です。独占販売の価格としては安すぎると思いなおし、お断りしました。ところがその後も、似たようなオファーが続々と入ってきたのです。

「この最近の流れは何？　いったい何が起きてるんだ」

私は戸惑いましたが、ふと気づいたのです。2週間前のあれだ。**「バカだから世界を変えられる！」と意識をリセットしたせい**だと。

リセット前の私は、「バカがばれるのは嫌だな」「なんとかして隠さないと」と、ＳＮＳの書き込みを控えめにしていました。

それが、「いやいや、バカだから世界を変えられるんじゃないか。バカっぽい投稿、最高じゃん！」「周りの評価？　いいねの数？　どうでもいい！」と開きなおって、思ったことをそのまま書くようになったのです。

いつの間にか他者基準になっていたのを、自分基準に戻したのです。そして自分基準で発したメッセージが、人の心を動かしたのです。

これを、巷に流布している「ポジティブ思考」で対処しようとすると、バカ＝ネガティブという捉え方はそのままで、「自分はバカじゃない。賢いんだ」とやってしまう。これが失敗の元なのです。

ポジティブな言葉で表面をコーティングしても、現実をネガティブに捉えたままなので、脳は納得できず、混乱してしまう。その結果、「ああ、この人はバカじゃないと言い続けたいんだな。じゃあ、もっともっとバカなこと、ネガティブなことをやってみようか」となり、とんでもない誤作動を起こすのです。

人生を変える「脳」の反応パターンの切り替え

◆メタ無意識とは「潜在意識を入れる器」である

心理学では、意識の構造を、次のように説明しています。

五感情報
◀
無意識
◀
潜在意識
◀
顕在意識

一般的には、潜在意識と無意識は同じ意味で使われることが少なくありません。私は「潜在意識と無意識は別物」とはっきり分ける必要があると思いました。

そこで、**潜在意識の入れ物（器）を「メタ無意識」と命名**したのです。メタというのは「何かを超えた存在」という意味ですが、人によっては聞きなれない言葉で、イメージしにくいかもしれません。ですから、私は時々こんなたとえ話をします。

「メタ無意識は、潜在意識を入れる器のようなものです」

「この器の形が思考のクセ、メタ無意識のパターンだと考えてください」

「中身は同じでも、容器が変わることで、見え方が変わってきます」

たとえば、定食屋さんで、１５０ｇのごはんを大きな丼で出されたらどう思いますか。「え？　これだけ？」となりますね。「もしかして、余りものなんじゃ……」と疑ってしまうかもしれません。

でも、同じ量のごはんが、小ぶりのおしゃれな茶碗に盛られていたら、どうでしょうか。「上品な盛り付けだな」「高そうな器だし、お米も高級かも」と、ワクワクしませんか。

このように**内容（現実）が同じでも、器（思考のクセ）を変えることで、脳の反応を変えることはできます。言語パターンを変えて、脳の動かし方、脳の反応パターンを変えてみる**のです。

◆言語パターンを修正すると脳の動く部位が変わる

認識や思考のクセ——言語パターンを修正することで、脳の活動する部位が変わり、体内に分泌される化学物質が変わる。そして**「真実だと思い込んでいた思い込み」がひっくり返る。**ここまではもうおわかりいただけたでしょう。

司令塔である脳が動きを変えれば、これまで無意識にしてきた発言、行動、選択も変わります。それがやがて、人生そのものを変えることにつながっていきます。

第1章でお話しした12パターンのメタ無意識を1つひとつチェックし、パターンを変えることができれば、「なんとなくうまくいかない」ことに明確な理由が見つかり、思い通りの人生に向かう道筋が見えてくるはずです。

第3章

不都合な現実の根源は「脳内の親」にある

メタ無意識を決定づけるあなたの「親」の存在

◆ネガティブな現実は「親」が関係していた!?

のべ8万人のクライアントの症例を研究してわかったことがあります。

メタ無意識のパターンのほとんどは、母親の胎内にいるときと、幼少期からの体験で構成されます。

特に大きいのは親の影響であり、さらに言えば、その親を本人がどう受け止めていたのかによって左右されます。

つまり、脳内の親が原因であるといえるのです。

たとえば、「貧乏になりたくない。だから働く」という人がいるとします。この状態は「問題回避型」なので、反対の「目的志向型」に切り替えればいい。だから、「お金持ちになりたい。だから働く」と、メタプログラムを書き換えました。

ところが、うまくいきません。

「お金持ちになりたいと言い続けたいんですね。では貧乏である必要がありますね」と脳が逆に働いてしまうからです。

こういう場合、私は「そもそもどうして貧乏になりたくないと思ったんでしょう」と質問します。

すると、多くの人が「親みたいになりたくなかった」という感情を思い出すのです。この点を見落としてしまうと、いくらメタ無意識を書き換えてもうまくいきません。

脳内をポジティブなパターンに書き換えたはずなのに、ネガティブな現実を引き寄せてしまう。このような場合、**その人の「親の解釈」と密接に関係していると**私は考えています。

そこで、私の個人セッションを受けて「脳内の親」に気づき、問題解決に至った方の実例をご紹介しましょう。

解放された5人のケースで見る「脳内の親」の見つけ方

◆ケース1 「重いんだよね」と男性から振られる原因は過保護だった母親が関係していた

いつも相手に振られて恋が終わってしまう。これがAさんの悩みでした。

「付き合いはじめて半年くらいですかね。ＬＩＮＥが既読スルーされることが増えて、返信も遅くなって……」

だんだん不安になってきて、「最近どう？」「体調でも悪い？」とメッセージを送ると、彼からは決まってこんなセリフが放たれるのです。「重いんだよね……」

彼から告白されて付き合いはじめても、いつもAさんが疎まれてしまうそうです。**実は「重い」と言われる女性は、その原因が母親にあることが多い傾向にあります。**

Aさんに、母親がどんな人だったのかを聞くと、「すごく家庭的で、尽くす人でしたよ」と言う。「自分のことを後回しにして、私とお父さんのことだけ優先して……」

そう語りはじめるのを聞いて、私は（ああ、やっぱりな）と思いました。自分を後回しにして、夫と子どもに尽くす母親は、「自分には価値がない」と思い込んでいる方が一定数いるのです。「私には何の取り柄もないから、なんとかして価値ある人になりたい。そのためには、家族にとってかけがえのない存在になる必要がある」

母親のそんな姿を見て育った娘は、「こんなふうになりたくない。自分のことを後回しにするのは嫌だ」と思いはじめるのです。話を聞いてみると、Aさんも、まさにそれでした。そこで、脳が逆に動くしくみをお伝えしました。

「あなたはお母さんのようにはなりたくない、自分のことを後回しにしたくないと言い続けたいのですね。了解です！」

「自分のことを後回しにしたくない、と言い続けるためには、自分のことを後回しにして、彼氏にもとことん尽くしたほうがいいですよね！」

脳が勝手にこう解釈したせいで、Aさんは、自覚のないまま「重い女」になってしまったのですよと。

「だけど、世の中には『尽くしてくれる女性がタイプ』という男性もいますよね。元カレも、最初は喜んでたんです。どうして途中からダメになるんですか？」

どうも納得がいかない……という表情のAさん。確かに、同じことをしても「うわっ、この人重い」と引かれる人がいる一方で、「優しい人だなぁ。ずっと一緒にいたい」と大切にされる人もいます。その違いはどこにあるのか？

答えは簡単です。**「重い」と思われる人は、「私には価値がない」と信じ込んでいる**のです。「自分は無価値だ。だから人に尽くして、価値がある人にならなきゃ。認められなきゃ」という強迫観念が背景にある。そして、強迫観念からスタートした行為は、相手に嫌なプレッシャーを与えるんです。

「ありがとうって言って！」「私の存在を認めて！」という心の叫びがダダもれになっている。メタ無意識でいえば、**他者基準になっている**のです。

子ども時代のAさんも、「こんなに尽くしている私を認めて！」という母親の心の叫びを、どこかで負担に感じていたはずです。だからこそ、「こんなふうになりたくない」と反発していた。にもかかわらず、まんまと「無意識のわな」にはまり、彼氏に対して、母親と同じ行為を繰り返すようになった。彼からしたら、それは居心地が悪いでしょう。

「いちいち、認めて認めてって言ってこないでよ！」「自分の存在ぐらい自分で認めなよ！」となりますよね。これが、「重い」と言われることの正体です。

Aさんはようやく腑に落ちたようでした。

◆ケース2　部下の凡ミスが止まらない真相は父親の我慢強い性格を見て育った影響だった

「会社に大損害が出ているんです。何とかしてください！」

これが会社経営者の女性、Bさんの相談でした。採用したスタッフが凡ミスをして、何度注意しても同じことを繰り返してしまうというのです。お客さんの名前や、受注した商品の数を間違えたり、納品のスケジュールを確認し忘れるなど、どれも初歩的なミスばかりです。

「最近の若い人は、厳しく叱るとすぐに辞めてしまう」と心得ていたBさんは、慎重に接していたそうです。

しかし、どんなに優しく言い聞かせても効果はなし。他のスタッフも「どうしてあんな子を採用したのか」という目で見てくる。Bさんはとうとうブチ切れて、「いい加減にして！」と声を荒らげた。そのスタッフは翌日、辞めたそうです。

ところが、新しく雇ったスタッフが、また同じような凡ミスを連発。我慢して指導してもミスは一向になくならない。たまらず叱ると、また辞める――。

お客さんに何度も謝罪に行く羽目になり、「このままでは会社の信用にかかわる」と、Bさんは頭を抱えてしまいました。カウンセリングを行った結果、私は「あなたの父親に原因がある」と判断しました。

「えっ。ミスをするのは本人の問題でしょう。うちの父にどんな関係が？」

Bさんはひどく面食らった様子です。もちろん、Bさんの父親がそのスタッフに直接何かを働きかけたということではありませんせん。念力を送ったわけでもない。

私は、彼女が父親からの影響を強く受けていることに気づいたのです。父親はとても我慢強く、真面目に働く人でした。仕事の愚痴や不満は一切口にしたことがなく、「人生は我慢だ」が口癖だった。そんな父親を見て、こう思っていたそうです。

「お父さんのように我慢ばかりしたくない。私はまっぴらごめんよ」

そんな娘が大人になり、会社経営をはじめた結果どうなったか。

「怒ってはダメ。辛抱強く人を育てることが経営者の役目」

皮肉なことに、父親と同じように「忍耐」を強いる言葉を自分に言い聞かせていたわけです。

「私は我慢なんかしたくない。お父さんみたいに耐えてばかりの人生なんて嫌だ」という言葉を繰り返し受け取ってきたBさんの脳は、こう反応したようです。

「なるほど。あなたは『我慢なんかしたくない』って言い続けたいんですね！」

「そういうことなら、ずっと我慢しなければいけない状況をつくりましょう！」

Bさんはハッとなりました。

「そうか、私は我慢することに固執していたということなんですね。怒らず、粘り強く注意し続けていればそのうちよくなると思い込んでましたけど……結局、我慢できないのなら、そんな努力は無駄ですよね」

「～しないと」「～してはダメ」は、第1章のパターン⑩の「義務」に特徴的なフレーズです。**感情を徹底的に抑えこむことで、脳の苦痛系がフル稼働していた**んです。

自分では「優しく指導していた」と思っていても、実際はミスをするスタッフへの苛立ちがにじみ出て、委縮させていたのでは？　それが「つまらないミス」を誘発していたのでは？　と私は考えています。

その後、新人スタッフの凡ミスは止まり、人が辞めることもなくなったそうです。

◆ケース3　出世しない原因は、「仕事＝つらい」と設定した父親の愚痴が影響していた

次は、大腸がんになったCさんという女性の話です。私なりに、これまで相談に来られた方を思い出し、大腸がんにかかった人に共通点がないかと探ってみたところ、ある傾向に気づきました。それは、「未来が見通せない」というストレスにさらされていることです。

物質的な面あるいは経済的な面で、「将来どうなるかわからない」という強い不安を抱えている方が多かったのです。

Cさんも、将来への不安をずっと抱えているとおっしゃっていました。しかし、**この不安をさらに増幅させていた「無意識のわな」は、Cさんの父親**でした。

「父のことでまず思い出すのは、家に帰ってくるたびに仕事の愚痴をこぼしていたことです。『俺は頑張っているのに、会社が俺を正しく評価してくれない。給料が上がらない。人生は思い通りにならない』と……」

晩酌をしながら出てくるのは、うんざりするような言葉ばかり。そんな父親を見ながら育ったCさんは、「仕事ってそんなに大変なものなんだ」と思い、決意したそうです。

「私はこうなりたくない。とにかく、みんなに認められて評価される人にならなきゃ！」

それから大人になり、就職したCさん。幼い頃の決意を胸に、一生懸命働いたそうです。ところが――。頑張れば頑張るほど、状況は悪くなっていくばかり。Cさんの脳は、潜在意識でこんな悪さをしていたのです。

「私はみんなに認められ、評価される人にならなきゃと言い続けたいんですね。了解です！」

「だったら、認められたり、評価されたりしてはダメですよね」

評価もされず、周りからも認められず、収入もなかなか増えない――。このままでは昇給はおろか、解雇されてしまうのでは――。そんな不安は日に日にふくらんでいきました。

やがて腹痛で眠れなくなったり、お腹をくだしたりすることが増え、体重がガクッと落ちてしまいます。「どうもおかしい」と病院に行くと、「すぐに検査を」と言われ、大腸がんの診断が下されたそうです。

Cさんのがんは、お父さんを通じて「仕事ってすごく大変なものなんだ」と思い込んでしまったときからはじまっている――。私はそう解釈しています。会社の愚痴ばかり言う父親は世の中にいくらでもいますが、**それをどう解釈するかによって、脳の反応は変わります。**

最初から「仕事＝ネガティブなもの」ととらえ、「がむしゃらに働かないと評価されない」と決めつけていたCさん。仕事に対する姿勢は義務で、不安や恐れを払拭したいという思いは、問題回避型であり、人間重視型です。

問題回避型である以上、脳は問題をつくり続けます。そして、人間重視型は体験の途中に焦点が当たっていて、「努力している状態」をいつまでも維持したがる。ですから、目標達成しないよう、脳が横やりを入れていたんです。このような場合は、**目的志向型、欲求、物質タスク重視型に切り替えることが必要**になります。

◆ケース4　成功目前に必ず失敗してしまう原因に「偉大すぎる父」の存在があった

Dさんの第一印象は、「完璧なビジネスパーソン」でした。上質そうなスーツをぴしっと着こなし、日本で未発売の頃からｉＰａｄを使いこなしている。経営している会社も順調で、世間的にも評価されていた。

しかし、彼は誰にも言えない悩みを抱えていました。目標まであと一歩のところまで来ると、とんでもない失敗をやらかすというのです。

「とにかく私は、土壇場に弱くて――。綿密に計画を立てて、序盤から中盤まではいつも順調にいくんです。ところが、いざとなると……」

成功しそうになると、周囲を唖然とさせるような言動で信用を失ったり、関係者の裏切りが発覚するなど、必ずアクシデントが起きてしまう。その確率はほぼ１００％。「私は何かに呪われているのではないか」と、思い詰め、夜も眠れないようになっていました。

私が家族について話してくださいとお願いしたところ、彼は真っ先に父親について話しはじめました。

「息子の私が言うのもなんですけどね、父は素晴らしい経営者だったんですよ」

このときの表情は、あこがれのスポーツ選手について語る少年そのもの。子どもの頃から父親の背中を見て育ち、「自分もこうなりたい」と願い続けてきたのでしょう。「どうやらこれがわななんだな」と私はピンときました。偉大すぎる父親をもつ息子の多くが、このパターンに当てはまります。

「いままでよく耐えてこられましたね。でも、もう大丈夫です。成功を遠ざけているのは、あなたのお父様だったんですよ」

私の言葉に、Ｄさんはキョトンとするばかり。

「意味がわかりません。父が私の邪魔をしていると？　もうとっくに亡くなっているのですが……」

「正確にいうと、**あなたの中にある『お父様に対するあこがれ』が原因です。**その思いが強すぎるあまり、あなたの脳が悪さをしているんです」

固まってしまったDさんに、私は「逆に動く脳」のしくみを説明しました。うまくいきそうになると、決まって自分の手でぶち壊してしまう。そのとき、脳はこんなふうに誤作動を起こしていたんです。

「父親はすばらしいビジネスパーソンだ。あこがれの人だ。あなたはこれからもそう言い続けたいんですね」

「それなら、あなたは父親を越えちゃダメですね。ずっとあこがれつづけていなければいけませんからね。了解です！　成功しそうになったら、全力で阻止してあげますね」

Dさんは、反映分析型、問題回避型、他者基準を併発していたケースですが、もっとも大きな問題は、**「自分は父親より劣っている」という思い込み**でした。

「あなたの場合、**お父様のようになることが評価基準になっている、完全に他者基準**なのです。

そうじゃなく、あなた自身は何ができればOKだと思うのか、自分基準をつくってください」とアドバイスしました。

父親への思いをリセットしてもらった後、Dさんは異業種を組み合わせた新事業をはじめ、大成功をおさめています。もちろん、ありえない失敗をすることもなくなったそうです。

◆ケース5　円満家庭で育つも、病にかかった根源に過干渉な両親の存在があった

5つめは、乳がんを発症したEさんという女性の話です。ご両親は夫婦仲もよく、子どもにもそれは優しかった。やりたいことも全部やらせてくれたし、愛情深い言葉をかけて育ててくれたそうです。

一見なんの問題もないようですが、「ちょっと過保護なところもありましたね」と話しはじめたとき、私はピンときました。

布団をめくればすぐにかけなおし、いつもより食欲がないとなればすぐ病院へ。咳をすれば大事を取って学校を休ませる——といったエピソードが延々と続くのです。

Eさんは一人っ子なのですが、その前に1人、男の子が生まれていて、1歳で病死されたそうです。ご両親はこの子を失った経験から、子どもは弱い、大切にしなければと強く思い込んでしまった。

幼い頃から愛情をたっぷりうけて育ったEさんは、いまでももちろんご両親のことが大好きです。**実は、これこそが「無意識のわな」**なのです。

「お父さんもお母さんも、私は体が弱いと思ってる。だったら、その期待に応えないと！」

「私は病弱でいなければ！」

「子どもは病弱なものだ」という親の先入観を受け入れつづけた結果、Eさんの脳は誤作動を起こしたのです。小さな子ども、とくに小学校低学年までは、親の喜びイコール自分の喜びと勘違いしてしまいますから、無理もありません。

「もう親の期待（先入観）に応える必要はない、病気はもう手放していいんですよ。他者基準をやめて、自分がどう生きるのかをよく考えましょう」

Eさんにそれを伝え、実践してもらったところ、快方に向かっていきました。諍《いさか》いとは縁のない円満な家庭に育っても、こういう反応をしてしまうのが、脳のややこしいところです。

第4章

「なりきりワーク」で
脳内の親を洗い出す

両親になりきって「過去の感情」の元を探る

◆「なりきりワーク」で脳内のわなが明らかに！

さて、本章からいよいよ、あなた自身の脳内に潜む無意識のわなを明らかにしていきます。

あなたの父親はどういう人だったと思いますか。

あなたの母親はどういう人だったと思いますか。

このような質問に答えていくことで、あなたが親からどのようなメッセージを受けとり、脳内に固定していったのかが見えてきます。「ああ、私のメタ無意識のパターンはここから来ていたんだな」と実感できるでしょう。

「親とはもう縁が切れているし、そんなこと、確かめようがないよ」という方でも大丈夫。このワークの目的は、「現実の親が実際に何を思っていたか」を知ることではありません。

大事なのは、あくまでも、「あなたの脳内にいる親の姿」。**あなた自身が、父親と母親をそれぞれどのように解釈していたのかを確認してほしいのです。**

父親と母親の両方について、１つずつ丁寧に思い出していってください。すでに他界されていても、音信不通になっていてもかまいません。子どもの頃にタイムスリップして、いつも身近にいた親のことをイメージして、こういう人だったよな、ああいうことを言っていたな、と思い出していけばいいのです。

◆父親と母親、両方の洗い出しが必要不可欠

幼い頃に両親が離婚した、もしくは病気や事故でどちらかが亡くなっている場合はどうすればいいですか？　という質問を受けることがあります。一緒に暮らした親に比べて接点が乏しかった親のことは、答えにくいかもしれません。ですが、**必ず両親2人分のワークを実践してほしいのです。なぜなら、他人から聞かされてきた親のイメージも、あなたの脳にインプットされていて、無意識に影響を与えている**からです。

「物心ついた頃にはいなかった」という人も、母親が話してくれた父親のこと、父親が話していた母親のことは、少しくらいなら記憶に残っているのではないでしょうか？

浮気が原因で離婚――という事情なら、恨み言や悪口ばかり聞かされていたかもしれませんね。それでもかまいません。

「妻（夫）を裏切って、ひどい目に遭わせた最低な人」と捉えるもよし、「お母さん（お父さん）は

口うるさいし、文句ばかり言う人だったから、家では安らげなかったんだな」と、出ていった親に同情するもよしです。

「いなくなったお父さん（お母さん）のことは、ほとんど話してくれなかった。聞いちゃいけないような雰囲気だった」という人は、親の親（祖父母）や兄弟姉妹（伯父、伯母、叔父、叔母）の話を思い出してみましょう。

子どもの頃は負けず嫌いだった、運動神経は悪かったけど、サッカーのリフティングだけはうまかった、テストの前はいつも一夜漬けだった等々、親のパーソナリティに迫る情報を受け取っているかもしれません。

◆自分より親を先に検証することに意味がある

本書に出てくるワークは、自分の感情よりも親の感情から先にアプローチするようになっています。というのも、いきなり自分自身を掘り起こしていくと、罪悪感や無力感が湧いてきて、ワークを続けるのがつらくなってしまうからです。メタ無意識のパターンの大半がネガティブな方向に向いている人は、とくに負担が大きくなります。ですから、**まずはネガティブな要素を親の中から見つけ出し、間接的に自分の中の問題点を洗い出してください。**

親にはどういうネガティブなことがあったかな。

親の人生のテーマって、どういうものだったんだろう。

このように一度親について俯瞰してから、自分の視点に戻り、いよいよ自分の掘り起こしを始めます。本書では最終的に、自分が与えられている役割や、ミッションの設定を目指します。この作業も、親の感情からアプローチしたほうが、自分の人生のテーマ、与えられた使命が出てきやすくなります。

◆居酒屋メニューを用いてウォーミングアップ！

脳内の親を探るために、本書では、私のプログラムの中でもとくに反響が大きい「親の着ぐるみに入る」という方法を採用しています。ですが、「いきなりそんなことを言われても……」と戸惑う方も多いでしょう。ちょっと抵抗があるな、という人のために、「肩慣らし」のワークからご紹介します。

「あなたのご両親を、居酒屋のメニューにたとえてください」

そんな質問に、あなたは何と答えますか？

「あなたの親御さんはどういう方ですか」と聞かれたら、たいていの人は「父は普通のサラリーマンです」「母は専業主婦ですが、父と結婚する前は学校の先生でした」と、職業について話し出します。人柄とか性格については、意外と答えられないのです。

ところが、何か突拍子もないものにたとえると、意外とスルッと出てきてしまいます。これが潜在意識の面白いところです。食べ物はとくに、わかりやすいでしょう。

「あなたが考える親のイメージ」を食べ物にたとえると、どんなメニューになるでしょうか。想像してみてください。私のセミナーでは、メニューをあげていただいた後、「なぜそのメニューなのですか？」と理由を聞きます。すると、こんな答えが出てきます。

だし巻き卵と答えた人は、「人当たりがよくて、誰にでも好かれる」

サイコロステーキと答えた人は、「アグレッシブで、目立ちたがり」

といった感じです。お金に困っている人は、激安メニューで親をたとえる人が多い傾向もあります。冷やっこ、キムチ、きゅうりの漬物……突き出しで出てくるような小鉢のメニューばかり。理由を聞くと、「うちの親はそんな大した人間じゃないから」と返ってくる。

「お母さんは、タコわさかなぁ」と答えた人もいました。「どうしてタコわさなんですか」と聞いたら、「目立たない存在なんだけど、食べるとピリッとくる」と言う。その人の記憶をたどっていくと、口数は少ないけれど、周りをよく観察していた母親の姿が出てきました。出かける前に「ボタンが1つずつずれてる」と教えてくれたり、ニュースキャスターが不倫騒動にコメントしているのを見て、「あんただって、前に不倫でたたかれてたじゃない！」と突っ込んでいた。そんなことを急に思い出したりするのです。

記憶の奥にしまいこんでいた些細な情報を、潜在意識はしっかり覚えているのです。そして、あなたが親のどこを見て、どう解釈していたかを的確に教えてくれるのです。

余裕があれば、この質問にも答えてみてください。

「あなたの理想の親を、居酒屋のメニューにたとえるとしたら？」

これには、**あなたが親を「いま」どう解釈しているかが反映されます。**「お母さんはミニサラダ」と答えたあと、理想の親を「刺身の盛り合わせ」と答えた人がいました。「ミニサラダは、とりあえず野菜でも取ろうかってときに頼むじゃないですか。体にはいいけど、存在感が薄くて、みんな覚えていない……」という理由でした。一方、刺身の盛り合わせは、「ぱっと人目をひく華やかな存在で、出てくるだけで場が盛り上がる」でした。

話を聞くと、授業参観のときの記憶が出てきました。おしゃれで美人な友人の母親が羨望のまなざしを浴びる一方で、「〇〇ちゃんのお母さん、来てたっけ？」と友人に言われたことを思い出したのです。「華やかでない女性には価値がない」という思い込みに気づいて、その人はハッとなっていました。

着ぐるみワークで「潜在意識」のわなをあぶりだす

◆着ぐるみワークをする前の準備とアドバイス

着ぐるみワークは、自分以外の誰かになりきることで、潜在意識のわなをあぶりだすのが目的です。「両親の着ぐるみ」に入り、両親の視点で過去のネガティブな感情を洗い出します。その前の準備として、自分の体と親の着ぐるみがぴったりとフィットし、完全に一体化する状態をつくっていただきます。細かいようですが、次の手順を守るようにしてください。

1 親の後ろ姿をイメージする

あなたの親（父親／母親）が、あなたの1メートル前に立っていて、その後ろ姿を眺めているところを想像します。

2 親を着ぐるみに見立て、背中のファスナーを開けて入る

目の前にいるあなたの親（父親／母親）を「着ぐるみ」のように想像して、その背中にファス

ナーが付いているのを確認します。そのファスナーを開けて、中に入ってみるところを想像します。

3　ぴったり合うように位置等を調整

親（父親／母親）の着ぐるみの中に入ったら、頭をさわりながら、目の位置・耳の位置がぴったりと合うように調整します。これであなたは親（父親／母親）と一体化しました。親（父親／母親）の着ぐるみに入ったまま、ワーク1～4（114～115、118、121～127、130～131ページ）の質問について考え、答えをノートなどに書き留めていってください。

4　着ぐるみから出て、自分に戻る

答えを一通り書き終えたら、親（父親／母親）の着ぐるみから脱け出して、自分の体に戻ります。

ここで、「なぜ着ぐるみなのか」を説明します。着ぐるみに入るというアプローチは**「空想模倣」**という技術が元になっています。ノーベル賞をとった利根川進《とねがわすすむ》さんが研究されていた分野です。

子どもの頃、アニメのキャラクターや戦闘もののヒーローになりきって遊んだ経験はないでしょうか。キャラクターをかたどった人形を手にして動かしながら、セリフを真似する「ごっこ遊び」はどうですか。これも立派な空想模倣です。

動きや言葉をコピーすることで、子どもたちはヒーローやヒロインの正義感、優しさを脳にダウンロードしている。「着ぐるみワーク」も同じ役割を担っています。

空想模倣は大人にもできますが、子どもより知識が多い分、気が散ったり雑念が入りやすくなります。そこで、「親の着ぐるみを用意して、中に入って、一体化する」という**非日常のイメージを刷り込んで、普段の自分が簡単に出てこないようにしている**わけです。

分析心理学の専門用語に、集合的無意識という言葉があります。個人的な記憶や経験に基づく無意識（個人的無意識）のさらに奥にある、といわれているもので、生きている時代、住んでいる地域、性別、年齢、民族などを超えて、変わらない精神が私たち人類に存在しているという主張です。

子どもが正義のヒーローやヒロインにあこがれるのも、万国共通のものですね。あれは、人間社会に受け入れられるような価値観をダウンロードしよう、学ぼうということを無意識にやっているわけです。空想模倣は、この集合的無意識につながる方法でもあります。

ですから、「親の着ぐるみ」に入って他者の視点で記憶をたどり、人生を振り返ることは、リアルタイムで人間関係を改善することにもつながります。

◆このときイメージするのは「子育て中の親」

これからあなたが入る「着ぐるみの親」のイメージは、直近の姿ではありません。人が親から一番影響を受けるのは、やはり子どもの頃ですから、あなたが小さい頃、小学生から中学生くらいの頃の親の姿が望ましいです。当時の親の写真があれば、それを見ながらイメージするとやりやすいかもしれません。

小学生や中学生の頃の親なら、20代後半から40代くらいの年代でしょうか。現在のあなたの年齢とそれほど差はないはずです。

親は幼い子どもにとっては「絶対に逆らえない」存在ですが、成長して知恵がついた子どもには、いままでは見えていなかった一面が見えるようになります。

「人の悪口を言ってはダメ」と教えながら、姑の悪口が始まったら止まらない母。「一度決めたことはやり遂げろ」と子どもに説教しておいて、禁煙中に家族に隠れてたばこを吸っていた父。こうしたダブルスタンダードに気づいて、子どもは成長していくわけです。

そして、大人になってから、親の視点を体験してみると、「いろいろあったけど、まぁ、無理もないか」「いまとなっては、理解できなくもないな」と受け止め方が変わったりもします。

ただ、1つ答えるたびに**立ち止まって自分に戻るのはやめましょう。**「昔の親を許せるかどうか」という視点を途中で入れてしまうと、**「潜在意識のわなをあぶりだす」という本来の目的からずれていきます。**着ぐるみの中にいる間は、「親の視点」をキープしてください。

◆持ち物は紙とペン、リラックスできる場所で行おう

「親になりきる」というのは、非日常の行為です。ですから、このワークは**できるだけ日常から離れたシチュエーションで行う**ことをおすすめします。「日常のことを忘れて、完全にリラックスできる空間」が理想です。

私自身は、秩父などの山岳地帯にあるホテルや旅館に行ってワークを行ったりしますが、広々とした空間に芝生があるような公園とか、美しい庭が見えるカフェの窓際の席でもいいでしょう。

会社経営者やスポーツ選手、芸能人も、大事なイベントの直前には「この蕎麦屋のこの席で食事をする」といったルーティンを持っています。あなたもぜひ、**「このワークをするときは、この**

場所に行く」というルーティンを取りいれるといいでしょう。

持ち物は、**質問の回答を書き留めるためのノートとペンだけ**です。スマートフォンやタブレットは余計な情報が目に入るので、ワーク中は電源をオフにしましょう。

新型コロナウイルス感染症対策で外出を控えている、忙しくて場所を探す余裕がない、という場合は、自宅でするしかありませんが、自宅には日常を思わせるものがあふれかえっています。通勤電車や会社のオフィスも同様ですね。

心理学では、特定の場所に行くことで、**心や体に特定の反応が現れる現象を「空間アンカー」**と呼んでいます。

アンカーとは、船が流されないよう水中に沈めておくいかりのことで、一定の場所に紐づいた条件反射のようなものだと考えてください。図書館に行くと集中できる、神社に行くと穏やかな気持ちになるといった例がわかりやすいと思います。

自宅はリラックスできる場所ではありますが、リモートワーク中なら仕事の書類がテーブルの上にあったり、お子さんがいる家なら、おもちゃが床に転がっていたり、飲みかけのコップが目についたりして、なかなか「非日常」の気分にはなれません。

一時的にはうまくいっても、途中から「自分自身」の思考のクセが出てきて、親の過去ではなく、自分の過去に焦点が当たりやすくなってしまうのです。**家の中でワークを行うときは、空間**

アンカーが起こらないよう、非日常をつくる工夫をしましょう。

部屋が散らかっていて、すぐに片付けられない場合は、応急処置として、**ごちゃごちゃしたところを大きな布で隠す**といいでしょう。部屋の明かりを消して、**メモを取るための読書灯だけつけておく、という方法もおすすめ**です。

たとえば、あなたが座っている椅子。そのままでは「日常の空間」ですが、角度を変えることで視点が変わります。さあ、これから親の着ぐるみに入ろうというとき、**椅子の向きを90度とか180度変える。**これだけでも、「いまから普段と違うことをするんだぞ」と、脳に刺激を与えられます。

椅子が2つある、あるいは2人掛け以上のソファがあるなら、着ぐるみに入るとき、**「隣に移動する」のもおすすめ**です。いつも座っている椅子の真横にもう1つ椅子を置いて、「ここが父親(母親)の居場所」と決めておき、ワークを始めると同時に立ち上がって、「親の椅子」へ座りなおすのです。ソファも同様に、いったん立ち上がって、隣の位置に座りなおす。

わずかでも空間移動をすることで、同じ場所に座ったまま着ぐるみに入るよりもスムーズに意識を切り替えられるようになります。

ワークを終えたり、いったん中断したりするときは、背中のファスナーをおろして着ぐるみから出て、自分の位置に戻るようにします。

◆「わからなくても問い続ける」ことで脳が動きだす

このワークの質問事項を見ると、失敗とか挫折とか我慢とか、ネガティブなワードがズラリと並んでいます。「見ただけで気が重くなってきた」という人もいるでしょう。しかも、これまでの人生でほとんど考えたことがない質問ばかりです。「答えようがない」と困惑されているかもしれません。

当然の反応です。私のセミナーでも、全ての質問に対して、サクサクと迷いなく答えられる人はほとんどいません。ただ、「似たような質問ばかりで、退屈だな」と思われても、省略したり、途中でやめたりせずに、ワークを続けてみてください。

「親の着ぐるみに入る」という設定には、**「おいおい、何を始める気だ?」と脳を刺激する意図**がありますが、この質問も同様です。普段されないような質問をたくさん投げかけることで、目覚めた脳をさらに刺激し、これまでにない動きをさせるためなのです。

たとえば、事件や事故の目撃者から事情聴取をするとき、警察官はあらゆる角度から質問を重ねていくそうです。「それは何時ごろでしたか？」と聞かれて、「うーん。時計は見てなかったからなぁ……」と詰まってしまう人も、「そのとき、何か聞こえましたか？」と質問されると、「そういえば、選挙カーが通り過ぎて、女性スタッフが候補者の名前を連呼してたな」とか、「イヤホンで音楽を聴いてたので音には気づかなかったけど、パン屋さんから焼き立てのパンのにおいがしてきた」と言う人もいる。

どちらも事件や事故とは無関係な出来事ですが、時間帯の特定につながる有力な手掛かりになるわけです。このように、**質問の仕方によっても、脳の動き方が変わり、思いがけない記憶が出てくる**のです。

また、時間をおいてから、同じ質問を意図的にすることもあるといいます。何度も聞かれているうちに、思い出せなかった記憶がひょっこり出てくることがあるからです。

日常生活でもよくありますよね。

「今度出向で来た部長、ビールのＣＭに出てた俳優にちょっと似てない？　誰だっけ。40歳くらいで、前にワイドショーの司会もしてて……あー、顔は浮かぶんだけどなぁ！」

こんなとき、その場では思い出せなくても、数日たってから突然、「あっ、○○だった」となることがあります。私も最近、ある芸能人の方の名前がどうしても思い出せず、2日後に何の前触れもなく、記憶がよみがえりました。**一時的に中断して別のことを考えていても、脳はずっと考え続けているのです。**

このワークは、普段動かしていない脳を動かし、ネガティブな感情にアプローチしていきますので、丁寧にやっていくとけっこう疲れます。**途中でしんどくなったら、休憩をはさみましょう。**また、すべてを一気に終わらせる必要はありません。

「今週はお父さん、来週はお母さんの着ぐるみワークをやってみよう」
「第4章のワークを2〜3回に分けてみよう」

という感じで、無理のないペースで進めていってください。**中断するときは、必ず「いったん着ぐるみを出る」とイメージしましょう。**では、さっそく始めましょう。

◆STEP1　両親になりきり、その人生を追体験する

まずは、両親になりきって、両人の失敗や我慢、病気をしたことなどを思い出していきましょう。

ワーク1　両親になりきり過去を追体験する

Q1　父親／母親は、人生の中で、どのような失敗、挫折、つらかったことを体験しましたか？
例：父親……昇進試験に受からず、同期入社の同僚にコンプレックスを抱いていた
母親……パート先でミスを押し付けられたが、誰もかばってくれなかった

Q2　父親／母親は、人生の中で、どのようなことを我慢したり、あきらめたりしていましたか？
例：父親……興味のない部署に異動させられたが、「サラリーマンの運命だ」と言っていた
母親……長男の嫁だから、仕方なく夫の両親との同居を受け入れた

Q3　父親／母親は、人生の中で、どのような病気やケガをしましたか？
例：父親……高校生のときにバイクで接触事故を起こした
母親……40代の前半に子宮筋腫の手術を受けた

Q4　父親／母親は、人生の中で、どのような知識や能力が足りないと思っていましたか？
例：父親……語学が苦手。とくにヒアリングに自信がない
母親……片付けや整理整頓の知識。テーブルの上に物をあふれさせてしまう

Q5　父親／母親は、人生の中で、どのようなことを頑張っていましたか？
例：父親……仕事に必要な資格を取った
母親……勉強を頑張って推薦で大学に入った

Q6　父親／母親は、人生の中で、周りからどのような印象、意見、評価を受けていたと思いますか？
例：父親……強引なところもあるが、頼りがいもある
母親……美意識が高い、おしゃれな人

Q7　父親／母親は、人生の中で、誰を責めていましたか？　誰を悪者にしていましたか？
その人に対して、どのような不満やあきらめ、怒りなどがありましたか？
例：父親……強引に家業を継がせた父親。病気を理由に呼び戻すのはずるい
母親……弟の素行が悪く、ずっと肩身が狭かった。そんな弟を溺愛する母親にも腹が立っていた

◆STEP2　両親は人生を素晴らしいと感じていたか

父親の中、母親の中にそれぞれ入ってみて、どうでしたか？　先ほどは親のネガティブな感情にフォーカスしました。

次は、そんな両親がこれまでの自分の人生を総合的にどうとらえていたかを検証していきます。質問は全部で４つです。

Ｑ１では、過去の父親のイメージ、過去の母親のイメージから「素晴らしい人生を送ってきたかどうか」を想像してみましょう。先ほど、ネガティブな感情を中心に洗い出しをしましたから、「いいえ」になる人が多いと思います。

Ｑ２は、簡単ではないかもしれません。でも、着ぐるみワークの質問に答えた後なら、親の記憶をなぞることで、具体的な出来事がいろいろ浮かんでくると思います。

外では楽しそうにふるまっていても、家族にしか見せない一面があったかもしれません。人間関係、健康、収入、恋愛――すべてが完璧だという人はめったにいません。

Q3では、両親が抱えているネガティブな信じ込みを思い出してみましょう。若い頃に望んでもかなわなかった「もう1つの人生」を考えてみると、答えやすいかもしれません。

「長男だから家業を継がなければいけなかった」「弟より成績が悪かったから、大学に行かせてもらえなかった」といった自分の親からの抑圧。

「就職氷河期で、あこがれていた企業に入れなかった」など、社会情勢の犠牲になったという信じ込みも、根深いものです。

これまでの回答を振り返りながら、**今度は「あなた自身の視点」で答えてください。**

ワーク2　両親になりきり人生を総合的に検証する

Q1　あなたの両親（父親／母親）は「私の人生は素晴らしい」と充分に感じていましたか？（はい・いいえ）
※「はい」と答えた人は、Q4に進んでください。

Q2　あなたの両親（父親／母親）が「私の人生は素晴らしい」と充分に感じていなかった理由はなんですか？

Q3　あなたの両親（父親／母親）が「私の人生は素晴らしい」と充分に感じていなかったことに関して、（Q2で答えたこと以外で）どのような信じ込みが前提としてあったと思いますか？

Q4　あなたにとっての両親（父親／母親）の人生は、どんなものですか？　これまでの回答を振り返ったとき、父親の人生、母親の人生は、それぞれどういうものだったと思いますか？

Q1で「はい」と答えた人は、満足そうにしている親の表情が思い浮かぶはずです。「医師から不妊と告げられて子どもをあきらめていたのに、あなたが生まれてきて本当にうれしかった」という母親、「事業をおこしたときは孤独だったけれど、ピンチのときはいつも助けてくれる人がいた。俺は運がいい」と、上機嫌で晩酌をしていた父親など……。

叶えられない人生があったとしても、そんなことはすっかり忘れていまの人生を楽しんでいる。あなたにはそう見えているかもしれません。

「いいえ」だった人は、親の「素晴らしいと思えていない」人生が、あなたにはどう映っているのか。それぞれについて考えてみましょう。

脳内の親がもっている「信じ込み」を掘り起こすヒントは、あなたの記憶にある親のネガティブな発言や、口には出さなくても何となく漂わせていた態度です。

ですが、あなたが見つけられていない信じ込みが、まだ隠れているかもしれません。次のステップでは、そこを深掘りしていきます。

◆STEP3　両親のネガティブな体験を客観的に洗い出す

ここからは、両親の一見ネガティブな体験を「客観的に」洗い出す質問をします。

着ぐるみワークの前にも説明しましたが、さまざまな角度から両親を分析することで、よく覚えていないと思っていた情報がスルッと出てくることがあります。

軸となる質問は16ですが、深掘りできそうなものは、できるだけ具体的に答えてください。

ワーク3　両親のネガティブな体験を客観的に洗い出す

Q 1-1　どのようなつらい感情を抱いていましたか？
例：不安、孤独感、虚しさ、嫉妬など

Q 1-2　それらの感情が湧いてきて、行き詰まってしまうことがあったでしょうか？（はい／いいえ）

Q 1-3　（はいの場合）それはどのようなとき・場面で感じましたか？
例：病気が長引いたとき、子どもが受験に失敗したとき、PTAの役員を押し付けられたときなど

Q 1-4　そんな親を、あなた自身はどう思っていましたか？
例：「気にしなければいいのに」「私のせいで悪いことをしたな」「そんなつらそうな顔は見たくない」など

Q 2-1　「人に好かれたい」または「人から嫌われたくない」と思っていたでしょうか？（はい／いいえ）

Q 2-2　（はいの場合）それはどのような時・場面で感じましたか？
例：心にもないお世辞をよく言っていた、お酒に弱いのに無理して飲んでいたなど

Q 2-3 そのような親を、あなた自身はどう思っていましたか？
例：「私も嫌われないようにしよう」「私は無理して人に合わせたくない」

Q 3-1 金銭面で困っていたことはありますか？（はい／いいえ）

Q 3-2 （はいの場合）そのような親を、あなた自身はどう思っていましたか？
例：「私はお金で苦労したくない」「ムダ遣いするからだよ」

Q 4-1 親や兄弟姉妹との間で、何らかのトラブルがありましたか？（はい／いいえ）

Q 4-2 （はいの場合）そのような親を、あなた自身はどう思っていましたか？
例：「私は肉親ともめたくない」「家族は選べないから仕方がない」

Q 5-1 親や兄弟姉妹以外の対人関係で苦労していましたか？（はい／いいえ）

Q 5-2 （はいの場合）そのような親を、あなた自身はどう思っていましたか？
例：「適当に距離を置けばいいのに」「相手が悪いなら徹底的に抗議すべき」

Q 6-1 「努力や苦労することは大事」と思っていたでしょうか？（はい／いいえ）

Q 6-2 （はいの場合）そのような親を、あなた自身はどう思っていましたか？
例：「私も、努力や苦労が大事だと思っていた」「そんな価値観は古い。私は楽に生きたい」

Q 7-1 「自分の弱さを見せてはいけない」と思っていたでしょうか？（はい／いいえ）

Q 7-2 （はいの場合）それはどのようなとき・場面で感じましたか？
例：入院したことを私に隠していた。「できないは禁句」が口癖だった

Q 7-3 そんな親を、あなた自身はどう思っていましたか？
例：「私も弱さを見せるのは恥ずかしい」「苦しいときは助けてもらえばいいのに」

Q 8-1 愚痴や嫌味をよく言っていましたか？（はい／いいえ）

Q 8-2 （はいの場合）それはどのような場面で、どんな内容でしたか？
例：夫婦喧嘩のあと「こんな人と結婚しなきゃよかった」、仕事から帰ると「疲れた疲れた」と大声でアピールする

Q 8-3 そのような親を、あなた自身はどう思っていましたか？
例：「異性を見る目がなかったんだね」「私はこんな嫌味な人間になりたくない」

Q 9-1 新しいことへの恐怖心を感じていたと思いますか？（はい／いいえ）

Q 9-2（はいの場合）それをどのような場面で感じましたか？
例：「スマホ決済はこわい」と使おうとしない

Q 9-3 そのような親を、あなた自身はどう思っていましたか？
例：「人生、損してるな～」「私はいつも新しいことにチャレンジしていきたい」

Q 10-1 過去のネガティブな思いに振り回されていたと思いますか？（はい／いいえ）

Q 10-2（はいの場合）それをどのような場面で感じましたか？
例：親戚の集まりで言われた嫌味を何度も蒸し返して怒っていた

Q 10-3 そのような親を、あなた自身はどう思っていましたか？

例：私は、過去のネガティブな思いに振り回されたくない

Q 11-1
「自分には価値が無い」という虚しい感覚を持っていましたか？（はい／いいえ）

Q 11-2
（はいの場合）それをどのような場面で感じましたか？
例：「どうせ私なんか」が口癖だった。「俺には我慢するしか才能がない」とぼやいていた

Q 11-3
そのような親を、あなた自身はどう思っていましたか？
例：「リアクションに困ること言わないでよ」「私も、これといって取り柄がないなぁ」

Q 12-1
「私は他の人の負担になっている」という〝罪悪感〟を持っていたと思いますか？（はい／いいえ）

Q 12-2
（はいの場合）それをどのような場面で感じましたか？
例：事故のあとリハビリ生活をしていたとき、収入が減って子どもの習い事を中止したとき

Q 12-3
そのような親を、あなた自身はどう思っていましたか？
例：「私は家族に迷惑をかけないようにしよう」「そんなこと言われるとこっちが罪悪感を持ちそう」

Q 13-1 「すべてを思い通りにコントロールしたい」という感覚を持っていたと思いますか？（はい／いいえ）

Q 13-2 （はいの場合）それをどのような場面で感じましたか？
例：親戚の集まりでグイグイ前に出て仕切っていた。家事を手伝ったら「やり方が雑」となおされた

Q 13-3 そのような親を、あなた自身はどう思っていましたか？
例：「スピーチもうまいし、みんなに頼られる。自慢の親だった」「自分のやり方を押し付けるような人になりたくない」

Q 14-1 「自分は正当に評価されていない」という感覚を持っていたと思いますか？（はい／いいえ）

Q 14-2 （はいの場合）それをどのような場面で感じましたか？
例：家では会社と上司の愚痴ばかり言っていた。「家事をやってもだれもほめてくれない！」と切れていた

Q 14-3 そのような親を、あなた自身はどう思っていましたか？
例：「私は能力をちゃんと買ってくれる仕事に就こう」「そんなことで切れるなんてカッコ悪い」

Q 15-1
「私は人を信じていない」という感覚を持っていたと思いますか？（はい／いいえ）

Q 15-2
（はいの場合）それをどのような場面で感じましたか？
例：「深刻な悩みは友人に話すな」と言われたとき。釣り銭の額が合っているかを必ずチェックする

Q 15-3
そのような親を、あなた自身はどう思っていましたか？
例：「寂しい人生だなぁ」「いちいち人を疑っていたら疲れそう」

Q 16-1
「私は味気ない人生を送っている」という感覚を持っていたと思いますか？（はい／いいえ）

Q 16-2
（はいの場合）それをどのような場面で感じましたか？
例：「お金がかかる」と人付き合いを避けていた。急に仕事が休みになったとき、「何もすることがない」と掃除していた

Q 16-3
そのような親を、あなた自身はどう思っていましたか？
例：「お金に執着する人生って嫌だなぁ」「私は休日に趣味を楽しむような人生にしたい」

少し質問が多くて疲れたかもしれません。ですが、親のネガティブな体験や感覚を客観的に洗い出し、あなた自身の解釈を付け加えることで、改めて見えてきたことがあると思います。

あなたの父親と母親、それぞれの親の思い込みの言語パターンを通して、**知らず知らずのうちに、あなたの思い込みも積み上げられてきたこと**がわかったでしょう。「その考え、もう古いよ〜！」と、明るく突っ込めるものもあったかもしれません。親を否定していても、笑い飛ばせるほど軽やかな感情があるのなら、あなたの人生にそれほど悪さはしないでしょう。

一方、「親のようにはなりたくない」「こんなことはありえない」という何気ない反発があると、どうなるかわかりますか。そう、第2章で説明した、**例のはた迷惑な脳の誤作動が起きてしまう**のです。

「なりたくないって、言い続けたいのですね。了解です！」

逆に、「私もこんなふうにならなきゃ！」「父親（母親）のような人生最高！」という感情が出てきたときも、同様のリスクがあります。「なりたいってずっと言い続けたいなら、親のようになってはダメですね。了解です！」

今回の16項目で出てきた「両親の思い込み」のうち、あなたがこれまでとくに何気ない感情（嫌悪感もしくはあこがれ）を抱いたのは、何だったでしょうか。次のステップでは、そこにアプローチしていきます。

◆STEP4　「親のルール」はあなたの人生にどんな影響を与えていたか？

あなたの脳内で「脳内の親」から受け取った価値観や人生観。それは、子どもから大人に成長していく過程で定着し、良くも悪くも影響を及ぼしてきたはずです。

途中で「おや？　これは矛盾してないか」「親はこう言うけど、いまの時代には合わないよね」と気づいて手放したものもあったかもしれません。ですが、そこにネガティブな思い込み（または何気ないあこがれ）が残っていたら、それはあなたの足を引っ張る「わな」になります。

わなは「あなたの役に立ちますよ」「ためになることを言ってますよ」と親切そうに話しかけてきて、「こっちだよ〜」と旗を振って先導します。

しかし、その先にあるゴールはあなたが本当に望んでいるものでしょうか。前へ進めば進むほど、不安や苦しさが湧いてくるなら、一時停止したほうがいいです。ここでは、あなたの「いまのネガティブな感情」を探りながら、先ほど洗い出した「親の人生に対する解釈」の影響を確認していきます。

ワーク4　あなたの「いまのネガティブな感情」を探る

Q1　あなたは日常のなかで、どのような負の感情を持つことがありますか？　次のなかから、当てはまるものすべてにチェックをしてください。ない場合はご自身で追加してもかまいません。

□寂しさ　□悲しみ　□孤独　□重圧感　□怒り
□気分が晴れない（モヤモヤ感）　□貧困
□哀れみ　□憂鬱　□失望　□情けなさ　□喪失感
□屈辱感　□無力感　□劣等感　□敗北感
□疎外感　□苦しみ　□罪悪感　□恥ずかしさ
□あきらめ　□憎しみ　□空虚　□病弱

Q2　Q1の感情を持ったのは、どのような出来事がきっかけでしたか？
出来事は他の項目と重複してもかまいません。
例：疎外感……休憩中、同僚との雑談に入れない。
　負の感情……
その出来事……

Q 3-1 Q1・Q2の回答を振り返ってみて、「私は親と同じような状態になっている」と感じるものはありますか？（はい／いいえ）

Q 3-2 （はいの場合）負の感情の具体的な内容と、どのような状態が「親と同じだ」と思うのかを書き出してください。

例：孤独は嫌だ……友達から誘われなくなった。仲間外れにされている気がする。
負の感情の内容……
状態……

いかがだったでしょうか。

あなたが持っている負の感情は、先ほど洗い出した「親への解釈から生まれた負の感情」と、ほぼ一致していたはずです。

上司に対する愚痴ばかりこぼす親を見て「私は正当に評価されたい」と決意したのに、理不尽な評価をされて悔しい思いをしている。

家族に尽くす親を見て、「いまどき古い。私は楽に生きていこう」と思ったのに、恋人に振り回されて苦労している。

このように、望んでもかなわない——というより、むしろ正反対に進んでしまう人は、負の感情の出所を探っていくと、「脳内の親」が出していた思い込みに気づくはずです。

そして、「ああ、そうだったのか。これが原因だったんだ！」と納得されるでしょう。

その解釈からどのような人生のルールをつくっていたか

◆洗い出した親への解釈でいままでの捉え方を確認

突然ですが、あなたは規則を守る人ですか？　赤信号では必ず停止し、制限速度はきっちり守っていますか？　「いやいや、そんなの当然じゃないですか！」と答える人がほとんどでしょう。でも世の中、あなたのような人ばかりではないのです。

「真夜中で、ほかの車も走ってない、人通りもないところなら、信号なんて意味がないでしょう」

このように自分なりの理屈をつけて、公共のルールを破る人はいます。ニュースを見ていると、信じられないような「マイルール」を盾に、犯罪行為に及ぶ人が後を絶ちません。

一方で、独自のマイルールを設定しすぎて、がんじがらめになっている人もいて、「ちょっと調整が必要だな」と感じることがあります。

仕事や夢を達成するためのマイルールならいいのですが、他人にもそれを期待（場合によっては強制）し、思い通りにならないと激しい怒りで感情を乱してしまう人もいるからです。

たとえばマスク問題です。２０２０年以降は「マスクをめぐる騒動」が世間をにぎわせています。新型コロナウイルス感染症は飛沫から感染するということで、鼻水や唾液を飛ばさないよう、屋外ではマスクを着用することが推奨されています。

そんな中、マスクをしていない人が飲食店に入店を断られてもめたり、飛行機でマスクの着用を拒んだ人が客室乗務員の腕をつかんでトラブルとなり飛行機から降ろされるという事件までありました。

さて、ここで私が注目してほしいのは、マスク着用の是非ではなく、**「ルール（マナー）を守らない人に対するネガティブな感情」**です。私が思うに、ルールをきちんと守る人ほど、この感情に振り回されています。「自分のやっていることは１００％正しい」という思い込みが、視界に入る他人の「望ましくない行為」を敏感にキャッチしてしまうのです。

マスクの場合は、その正義感を相手にぶつけて、強引に正そうとする。「マスク警察」と揶揄されているような人たちです。「みんな暑いのを我慢して着けているのに、あいつは何だ！」「マスクをしていても、鼻を出していたら意味がない！」「しかも効果が薄いウレタンマスクじゃないか。意識の低いやつめ！」と、怒りが次々と湧いてくるわけですね。

ルールを守ることは社会人として大事なことですが、このように意識し過ぎるのも危険です。とくに、「〜すべき」「〜してはいけない」が口癖になっている人は、**メタ無意識のパターンでは「義務」で、このタイプは苦痛系が動きやすいのです。**

一度、あなたが持っている思い込みを解除して、新しい解釈に書き換えてみてはいかがでしょうか。

急ぐ人のためにエスカレーターは片側を空けて乗るべき　→　急ぎの人は階段を使えばよい
元気な人は優先席に座るべきではない　→　空いていれば座り、混んできたら譲ればよい

といった感じです。ルールやマナーに敏感な人は、仕事や家事、人間関係にもルールを細かく設定しているケースが多いようです。その中には、脳内の親から受け取ったルールもあるでしょう。

「本当にこれ、必要なのかな」「もしかしたら、しなくてもいいんじゃないかな」と疑ってみてください。身近な人からすれば、「してもしなくても、どっちでもいい」、もしくは「しないほうが助かる」ことかもしれません。

ちなみに、「トイレットペーパーの端を三角に折る」のは、清掃スタッフの人が「この個室は清掃済みですよ」と知らせるために始めたことで、利用者が後から入る人のために行うマナーではないそうです。「洗っていない手でここを折ったのかと思うと、微妙な気持ちになる」と迷惑がる人もいると聞いて、私も「確かにそうだな」と思いました。

誰かが決めたマナーに従っているうちは、「他者基準」のままです。自分を縛るルールを1つずつ減らして、脳の負荷を軽くしてあげましょう。そうすれば、怒りの感情が湧く回数も減らすことができます。

◆「基準」から外れるとネガティブな感情が発生する

繰り返しになりますが、自分の中にある「こうあるべき」や「こうあってはならない」という「基準」から外れたことが自分の外部に起きると、ネガティブな感情が発生します。

そこで、振り返ってみてください。先ほどのQ1で選択肢に挙げた「ネガティブな感情」の背景には、「こうあるべき」「こうあってはならない」という基準が隠されていないでしょうか。

基準はあなたの中にあるもので、あなたの外部でその基準から外れたことが起きたからネガティブな感情が生まれたのです。

ネガティブな感情を発生させる原因となった、あなたの中の「こうあるべき」「こうあってはならない」という基準は、どういうものでしょうか？

次の中から、当てはまるものにチェックしてください。

□人は、私に優しくするべき
□人は、私を正しく評価すべき
□弱さを見せてはいけない
□お金は、努力して稼ぐべき
□楽をして結果を出してはいけない
□人は、他人を振り回すべきではない
□成果は出すべき。成果を出さない人は価値がない
□怒ってはいけない
□完璧であるべき
□親や年上の人に逆らってはいけない
□親や年上の人の言うことは聞くべき

◆凝り固まった思考をほぐす簡単な検証の仕方

次に、あなたが設定した前提（マイルール）を分野別に検証してみます。

まず、**親と自分のルール（基準）をシチュエーションごとに比べてみましょう。**あなたは人生の中で、次のような前提で動いていたことはありますか？　ある場合、それはあなたにどんな影響を与えているかを答えていきます。

- **親が上で、子どもは下……**
- **親に逆らってはいけない……**
- **親の言うことを聞くべき……**
- **親のせいで不自由だ……**
- **親のせいでやりたいことができない……**

昭和20〜30年くらいまでの日本には、親が上で子どもが下という感覚が当たり前のようにありました。令和の現在、このような価値観はほとんど見られなくなりましたが、まだ残っているところもあるでしょう。

あなたの親も、祖父母の世代からこの価値観を引き継いでいれば、「親に逆らってはいけない」という前提で動いていたかもしれません。合理的な理由を説明されず、「とにかく親の言うことには従うものだ」と抑えつけられた記憶はあるでしょうか。

さらに、別の分野についても振り返ってみます。次の項目について、親（父親／母親）と自分の価値観をそれぞれ書き出して比べてみましょう。

・ビジネス面……
・金銭・収入面……
・人間関係……
・恋愛・結婚面……
・容姿・健康面……
・男性的な表現・女性的な表現……
・学校の勉強……
・進路面……
・将来のやりたい夢……

これらの分野で、自分で前提を決めて動いていたことはなかったか。自分の将来のやりたいことについては、どうだっただろうか。これを振り返っていきます。

男性的な表現・女性的な表現という項目は、ジェンダー（男女の性差）の価値観について答えてください。

「男の子が欲しかった」という父親に、男の子の服を着せられて、サッカーボールで遊ぶよう誘導された女性がいたら、女性として生まれた自分に価値を感じにくくなっているかもしれません。

また、女の子は美しくしていると危ない（性犯罪の被害に遭いやすい）という理由で、おしゃれな服を着せなかったり、成人するまでメイクを禁じるという母親もいたりします。

このように男性的な表現・女性的な表現を抑えつけられていた人は、その反動として、「男性は○○すべき」「女性は○○でなければ」という前提をつくりあげることがあります。親が持っていたと思われる前提と比べながら、じっくり考えてみてください。

◆世界幸福度調査でわかった日本と海外の考え方の違い

親と自分が無意識のうちに設定してきた価値観は、私たちが生まれ育った日本という国全体に「常識」として根付いているものも多いように思います。それは時代とともに変化していくものですが、「周囲に合わせる」「流行のものにすぐ飛びつく」といった価値観は根強くあり、それが人々の幸福度に関係していると私は考えています。

国連が設定した国際幸福デーにちなんで発表される「世界幸福度ランキング」をご存じでしょうか。日本は２０２１年が56位。ここ3年間の推移を見ると、62位、58位。やや持ちなおしたものの、残念ながら、先進国では最下位です。

幸福度ランキングの上位国は4年連続1位のフィンランドをはじめノルウェー、デンマークと北欧諸国が占めています。２０１９年から3年連続で2位のデンマークは、とても興味深い国なので、日本と比較してみます。

デンマークは税金が高いことで有名ですが、それが福祉の充実につながっています。医療費や教育費は無料。日本のように、家が貧しいから大学に行けないとか、社会人になっても奨学金の返済が続く……なんて人もいない。

繁忙期以外は残業をほとんどせず、夕方5時には帰宅して、家族との団らんや趣味を楽しむ。日本のように「必死に働く」という概念がないそうです。

人付き合いでは、容姿や持ち物などの外見を褒めると嫌がられる。これも日本人から見るとユニークですよね。

「○○さんって、おきれいですね」「その時計ステキですね」と褒めたつもりが、「この人はうわべばかりで、中身を見ない人だな」と軽蔑され、「○○さんのこういう考え方が好きです」と人柄や内面を褒めると、信用されるのだそうです。

ヒュッゲという伝統的なライフスタイルが根付いていて、物質的なことよりも、家族や仲間で集まってお酒や食事を楽しみ、歌い、踊り、人とのふれあいで感じる居心地の良さを大切にする。**自分たちで喜びを見出す感性が備わっている**のです。

日本では、相変わらず「お金持ちの成功者」がメディアで脚光を浴び、子どもがあこがれる職業も、「高収入」な仕事が必ず上位に入ります。

ＳＮＳでは外見や持ち物を実物より「盛って」、お互いに褒め合う。デンマークとはことごとく価値観が違いますね。

幸福度の高いデンマーク人には「お金の有無は幸福とは関係ない」という信じ込みがあり、幸福度の低い日本人は「お金がないと幸せになれない」という信じ込みがあるように感じます。

そしてもう１つ、日本には有力者や上司に合わせ、変だと思っても逆らわない「忖度」という謎の文化もあります。

親や目上の人を尊敬することは悪いことではないのですが、「尊敬すべきだ」という義務感にすり替わると、人の心はゆがみます。「世の中は不平等だ」「人生は思い通りにならない」と、ネガティブな感情がどんどん蓄積されていくわけです。

文化のすり込みや育った環境に漠然と身を任せてしまう人が多いから、日本人は幸せを感じられなくなっているのかもしれません。**デンマークの人たちが「自分基準」と「欲求」なら、日本人は「他者基準」と「義務」**ですね。

でも、「日本は幸福度が低い国だから、うまくいかなくてもしょうがない。みんな一緒なんだから」なんてことは言わないでください。脳の信じ込みは、コツさえつかめば取り外すことができるのですから。

第5章

「親の人生のテーマ」を探究し現実を一気に変える

自分の使命を見つける「人生のパズル」の解き方

◆現実を劇的に変える！　脳内の親を「深掘り」せよ

私の個人セッションには、身体の病気はもちろん、うつ病になってしまった人も相談に見えます。その原因を探っていくと、ほとんどの方は親にたどり着きます。

ここまでお読みいただいたあなたも、ワークが進むとともに「ネガティブな感情はここから来ていたんだな」「これに振り回されていたんだな」と理解できるようになったでしょう。親のネガティブな感情を洗い出し、その感情を自分がどのように受け止めてきたのかも、脳の誤作動のしくみも理解できたはずです。

「なんだ、脳のせいか」

「自分が悪いんじゃなかったのね。ああよかった」

と、少し気持ちが軽くなったと思います。ただ、ここで満足して立ち止まらないでほしいのです。

「要するに、脳が悪さをするようなメタ無意識のパターンを見なおせばいいんでしょう？」

こんな質問もよく受けるのですが、これまでの人生でつくりあげてきたメタ無意識のパターンを書き換えるのは、それほど簡単ではありません。いつも使っている口癖をポジティブなワードに入れ替えればOKというものでもない。ストレスホルモンの分泌を減らすくらいの効果はあるでしょうが、ネガティブな感情を全消去できるわけではありません。

雑草を刈りとっても、根が残っていればすぐにまた生えてきてしまいます。それと同じで、「脳内の親」という根も、無意識のさらに奥深くまで張り巡らされているので、力任せに一気に抜くとブチッと切れて、土の中に切れ端が残ったままになるのです。

これまでの人生でつくりあげてきた思い込み、脳内の親との関係を徹底的に見なおすためには、**土ごと掘り返して、水でジャブジャブ洗い流すくらいの気合いが必要**です。

本章では、ネガティブな感情を洗い出した脳内の親にもう一度アプローチして、さらに大局から観察していきます。目の前の現実をどうしても変えていきたい、という人はぜひ先にお進みください。

◆死を意識した人がたどり着いた「己の真の人生」

「自分は人生に何を求めているのか？」と自問したとき、あなたは何を思い浮かべますか。とにかく仕事で認められたい、世界中を旅して温泉めぐりをしたい、おいしいものを食べつくしたい、時間にしばられず自由に過ごしたい、きれいな服を着て注目されたい、素敵な人と結婚したい——。

こんな感じでいくらでも出てくると思います。では次に主語を入れ替えてみましょう。

「人生は、あなたに何を求めているのか？」

いかがでしょう。急に何も浮かばなくなったのではないでしょうか。

ですが、あなたが脳内の親、ネガティブな感情から完全に解放されるためには、この課題に明確な答えを用意する必要があります。

あなたがこの世に生をうけた意味、使命とは？　本来あなたは何者で、天はあなたに何をさせようとしているのでしょうか。

「ナチスの強制収容所で生き延びた人々は、自分は人生に何を求めているのか？　と問うのをやめ、人生は自分に何を求めているのかを問うように考え方を変えていた」

これは第1章でも紹介した、精神学者・心理学者のヴィクトール・エミール・フランクル先生の言葉です。本章のテーマ「親はどのような人生のテーマを持っているのか？」の手がかりになる、非常に重要なことを示唆しています。

明日にでも命を奪われるかもしれない危機的状況に置かれたとき、人は「生き残りたい」「死にたくない」という己の欲求に支配されてしまいます。ネガティブな感情が押し寄せてきて、溺れてしまうのが普通の人の反応です。

しかし、「私が生き残れるとしたら、その理由は何だろう」「それは、人生から何か使命を与えられたからではないのか」「では人生は、自分に何を求めているのか？」と思考を進めていくと、まったく世界は違ったものに見えてくる。それを問うようにした結果、「自分だけの使命を見つけた人たちが実際に生き残った」とフランクル先生は言っているのです。

ここまでの章で親のネガティブな感情はわかりましたね。ではなぜ、人生はあなたの親に、ネガティブな感情を用意したのか。親は人生にどのようなテーマを持っているのか。これを探ります。

◆人生のパズルを解く3段階の「思考」レベル

「人生が自分に与えた使命」にアプローチをするとき、私は人生のパズルを3段階で解いていきます。**「人間レベル」「脳レベル」「神レベル」と段階を追って、最終的に使命にたどりつく**というものです。

一般的な人は、**人間レベル**で起きている現象を見ています。「病気は悪いものだから、薬で治さなきゃ」「ビジネスがうまくいかないのはこういうマーケティングが足りないからだ」といった見方です。

次に**脳レベル**。これは、脳が逆に動くしくみを理解して、「どういう信じ込みが投影されて、この出来事がつくられているのだろう」と、自分の内面と外部の現象（出来事）の因果関係を考えるレベル。

最後の**神レベル**。これは一気に視界を広げて、人生というスケールから見たとき、1つひとつの出来事や、そこに湧いてくる感情に、どのような役割や目的があるのかを考えるレベルです。「一見つらい出来事、悲しい出来事だけれども、それをつくり出した目的は何なのか？　自分の人生にとっては、それが必要なことだったのではないか」。こんな風に考えることで、**自分が生**

まれてきた意味、使命にたどりつけるわけです。

◆虐待経験が教えてくれた自分に課せられた使命とは？

実際にあった例をまじえて、３段階の思考レベルを説明します。

その方は、子どもの頃、親に虐待されていた女性でした。仮にKさんとしましょう。

「私は大事にされていない、愛されていないと思いながら大きくなって……」

苦しそうにそう打ち明けたKさん。いまは独立して、つらい思い出ばかりの実家とは縁を切っていますが、好きになって付き合った男性がなぜか、暴力をふるったり、浮気をするような人ばかりなのだそうです。なぜ、そんなことになるのでしょうかと質問すると、「結局、私は大事にされない、愛されない人間だから……」と言うのです。

さて、これが**第１段階の「人間レベル」**です。

「ダメ男ばかり好きになる」女性というのは、幼少期に虐待された経験をもつ人が非常に多いのです。Kさんもその典型的なパターンで、「虐待されたから大事にされない」「虐待されたから愛されない」と何度も口にしていました。そもそも、**これが間違いの元**です。

愛されないことを認めてしまっているので、「でも過去は変えられないから、どうしようもない」「もし来世があるなら、次は虐待しない親のところへ生まれてきたいなぁ」という言葉が出てくる。無力感、虚しさ、あきらめの感情に支配されて、身動きがとれない状態です。

そこで私は、「虐待されたから愛されないって、Kさんの信じ込みじゃないんですか」「そもそも、この信じ込みって、どこから投影されているんでしょう」と問いかけていきます。

ここからが第2段階、「脳レベル」での検証に入ります。「私は大事にされない。愛されない」という信じ込みは、脳にどういう反応を起こさせるか、解説していきましょう。

「私は大事にされない。愛されない」という信じ込みがあると、自分のことを大事にしない、愛してくれない男性ばかりを見つけてしまいます。なぜなら、「大事にされない、愛されないと思い続けたいのですね。了解です！」という誤作動が脳の中で起きているからです。

親についても同様で、「私は大事にされない。愛されない」という信じ込みによって、**「それなら、親からの愛を感じない状態にしなければいけない。親に虐待をさせよう」**と脳がセッティングしてしまいます。

そして実際に親に虐待されて、「私は大事にされていない。愛されていない」という思いがさらに強化されることになった。そして大人になって、目の前から親がいなくなったら、今度は付き合う男性がDVをしたり、浮気をしたりするような人ばかりになった。脳からすれば、**「私は大**

事にされないし愛されないって思いを現実化させたぞ！」「信じ込み達成！」となっている。
ここまでが**第２段階の「脳レベル」**です。

そして**「神レベル」である第３段階**では、いよいよ最後のパズルを解いていきます。

「どういう信じ込みが、ネガティブな出来事を引き起こしていたのか？」は第２段階でわかったので、今度は「そもそも、人生はどういう目的があって、あなたにその現象をつくり出したんでしょうか？」「人生はあなたに何を求めていたんでしょうね？」と問いかけていきます。

主語を「自分」から人生に置き換えて、雲の上から下界を見降ろす神様の視点になってください。いままでの思い込みや出来事は、どのような使命につながっているのでしょうか。

いきなり難易度があがりましたね。

「使命って言われても……」と戸惑う人がほとんどでしょう。Ｋさんも同じ反応でした。そこで私はこんな風に質問しました。

「キリスト教では、人間は与える人か奪う人かに大別される、と言われているそうです。Ｋさんのテーマに置き換えると、愛を与える人か、愛を与えてもらう人か……となるわけです。あなたは与える人、与えてもらう人、どちらだと思いますか」

するとＫさんは、迷いなくこう答えたのです。「与える人です」

「愛もそうだし、なにより いやしを与える人として生きていきたいです」

これまでに自問したこともない、「使命」というキーワード。これを差し込んだ途端、ネガティブな感情で波うち、渦巻いていた回路がぴたっと止まり、水面に映る月のように「本来の自分がもっていた願望」が姿を現しました。

そこでもう一度、Kさんに問いかけます。「愛されたい、大事にされたい」という気持ち、「愛したい、大事にしたい」という気持ち、本当はどちらを望んでいるのですか、と。

Kさんはしばらく思いを巡らせていましたが、やがてハッとした表情になります。

「自分が愛されてしまうと、愛されることが当たり前になって、愛する側の人だってことを忘れてしまいそうです。私は愛を与えたいほうの人なのに……」

「つまり?」

「今回の人生で、愛といやしを与える人であるためには、愛されないようにしなきゃいけない?」

正解にたどりつきました。その通りです。Kさんの脳は、「今回の人生で愛といやしを与える人でいるためには、愛といやしが必要な人、愛といやしに飢えている人を用意しなきゃ」と反応していた。その結果、**愛やいやしが足りない暴力的な親を用意し、DVや浮気をするような男性をKさんの前にセッティングしていた**のです。

ここまで思考が進むと、落ち着いて考えられるようになってきます。自分の内面の苦しみから意識がそれて、今度は暴力的な親や元彼の内面に目を向けるようになります。


私を虐待していた親は、そもそも、何に対する怒りを抱えていたんだろう。

何を許せていないんだろうか。

無抵抗な子どもに手をあげてしまうなんて、普通じゃない。どこか病んでるよなぁ。

もしかしたら、親も自分の親からの愛情不足を感じていたんだろうか？　何をどうすれば、親はいままで許せなかったことを許して、愛されることや愛することを肯定できるようになるんだろう。


こんな思考が出てくるようになったら、「親をコーチングする」という、次のステージに進みます。虐待というのは深刻な問題ですから、「そんなに簡単に解決できるものかな？」と思われる方も多いでしょう。「虐待は連鎖する」という説があることは、私も承知しています。

イギリスの研究者が児童虐待の発生率を予測したのですが、その結果はかなりインパクトがありました。子どものときに虐待を受けた人が親になったとき、自分の子どもを虐待する確率は３分の１だというのです。

これは親が子どもを虐待しているときに、「これはお前を愛しているからやっているんだ」「お前のためなんだ」と思いながら虐待をしているので、子どもの中で「愛＝暴力」という信じ込みの公式が出来上がってしまうことが理由の1つです。

その子どもが親になったとき、子どもを愛そうとすると、つい手が出てしまうというメカニズムから起こるのです。

そんな話を聞くと、「親に虐待された私は、子どもを持つべきではない」となってしまうかもしれません。ですが、親と自分のネガティブな思い込みに気づき、客観的な視点を持つことで、見えてくる世界は一変します。「虐待のスパイラル」などという不吉な思い込みも、ほかのネガティブな感情とともに一掃してしまいましょう。

◆人生は一生続く「サブスクリプション」サービス

あなたは普段、ネガティブな感情が湧いてくる出来事があったとき、どのように受け止め、行動していますか？　「嫌なことは忘れちゃえ」とお酒を飲んだり、好きな食べ物を食べたり、お気に入りの俳優が出ているドラマを見たり、ゲームをして現実を忘れようとするでしょうか。

このように、「忘れよう」「他のことで気を紛らわせよう」という対処法は確かに効果がありますす。しかし、思い悩んで苦痛系を動かすよりもダメージがあります。

この誤魔化し行為は、脳の報酬系と深く関係しています。第2章でもお話しした、快楽や喜びをもたらす神経回路です。テストの勉強を頑張って、いい点数を取って褒められたら、報酬系の神経細胞の間でドーパミンのやりとりが起き、快楽を実感する。すると、勉強と快楽が結び付けられて「また勉強しよう」という意欲が湧いてくるわけです。

このような使い方ならよいのですが、報酬系は、お酒やゲームといった簡単に快感が得られる行為でも、同じように動きます。ゲームなら、気持ちが高まるようなＢＧＭや効果音、映像によって心地よい達成感が得られる。**このような刺激を繰り返し脳に与えることで、「やめたくてもやめられない」依存状態にはまる**のです。

つらい現実から目をそらすことは「一時的な救い」にはなりますが、人生という貴重な時間を、そのために費やすのは本当にもったいないことです。

では、ネガティブな感情が起きたときはどうすればいいか。印象に残ることがあったなら、「あの出来事はそもそも、何のためにあったのか。私は何のために、あの出来事を体験する必要があったのだろうか？」と振り返りましょう。すると、見落としていた重要なメッセージが見つかったりするのです。哲学者のセーレン・キルケゴールさんは、こんな言葉を残しています。

「人生は振り返ったときにはじめて理解できる。しかし、人生は振り返る前に生きるようになっている」

人は、どうあがいても前もって人生の本質を理解することはできない。なんだか切なくなるような言葉ですね。でも、だからといって自分が体験するあらゆる出来事を放置したままでいいのでしょうか。「考えても意味がない」と切り捨ててしまっていいのでしょうか。

人生は、私たちの前にいきなり出来事を送りつけてきます。うれしいもの、不愉快なもの、悲しくてやりきれなくなるもの、興奮するもの――いずれも、何の脈絡もないバラバラなものに見えます。

ところが、これらの出来事をあとでつなぎ合わせれば、「なるほど、こういうことだったのか」と納得することになるのです。

本屋さんで、付録付きの分厚い雑誌がドーンと積まれているのを見たことがあるでしょうか。箱に糊付けされた冊子の厚みはほんの数ミリで、付録と雑誌、どちらが主役かわからない不思議な商品です。

その中に、パートワークと呼ばれるシリーズものがあります。全50巻とか100巻の冊子で、付録のパーツを1つずつ組み立てていくしくみです。全巻買うと、ちょっと豪華なスポーツカーなどの模型が完成する。テレビCMで見たことがあるのではないでしょうか。

創刊号には完成図のイメージが載っていて、こういう素敵なスポーツカーができますよと、消費者に訴えてきます。この写真がまた照明を駆使して、高そうに見えるんですよ。創刊号は500円ほどのサービス価格で、ついてくる付録も、パーツとはいえ「これで500円は安いな」とそそられる。思わず買ってしまうのですが、2号以降は1冊2000円前後になっている。なかなか商売上手です（笑）。


　人生で体験する出来事（とくにネガティブな感情をともなうもの）も、このように**単体では完成しないパーツのようなもの、とイメージしてみるとわかりやすい**かもしれません。

「私の人生」という名のこの冊子は不定期刊行で、一生続くサブスクリプションサービスなのです。付録の箱を開けると、使い道がわからないパーツが入っている。でも、完成予想図や説明書は一切ありません。


　ある日いきなり、穴の開いたゴムの板が送られてくる。

「何だこれは？」

　そして翌月、銀色の長い板のようなものが届く。

「今月もわけがわからんなぁ」

　すると次は、塗装済みの金属の板、透明の四角いアクリル板が届く。

「これは何かの道具かな、それとも建物の一部だろうか」

というように目の前に並べてあれこれ推測していると、ある日直径数センチのかわいいミニチュアのハンドルが届くわけです。ようやく、「あっ、車だったんだ！」となって、パーツを組み立てられるようになるのです。

「最初から完成予想図を教えてくれればいいのに……」と思われるでしょうが、**そこが人生の意地悪なところ**です。

本書で推奨しているのは、「あんまり触りたくないな……」と感じるような、ネガティブなパーツを集めていく作業です。

ですが、ここには「人生から与えられた使命を探す」という重要なテーマが隠されていて、自分の手で組み立てていくことで思いがけないものができあがります。いまこれを読んでいるあなたも、人生で起こることには、どんな些細なことにも意味がある――と心に刻んでおいてください。

◆「不要なパーツ」を武器にして成功を収めた人々

50歳で作家デビューをされた山口恵以子《えいこ》さんは、55歳で松本清張賞を受賞しました。

子どもの頃の夢は漫画家でしたが、脚本家、宝飾店の派遣店員、プロット作家、社員食堂のパートなど、さまざまな仕事をされてきた方です。それだけ聞くと、「なんだか軸足の定まらない人だなぁ」という印象を持ってしまいます。

ですが、山口さんのインタビューを読むと、「漫画家の道で挫折して、脚本家を目指したけどうまくいかなくて、小説家に……というわけではありません」とおっしゃっています。

食べるために仕事を続けているうちに、自分の中にあった「物語をつくりたい」という思いに気づいたそうです。**「物語をつくるという1本の糸をずっと手繰り寄せ続けて、ついに賞をいただいた」**という言葉が印象的でした。

山口さんは時代小説の書き手ですから、宝石を売ったり、社員食堂で働いたりしたことは作品のネタにはなりません。そう考えると「無駄な経験」にも思えます。でも山口さんは、賞の最終候補に残ったという知らせが来た瞬間、「これは自分の売りになる」と確信したそうです。

そして受賞後、インタビュー中に「実はいまも食堂で働いているんですよ」と積極的に話していった。その結果、「食堂のおばちゃんが作家に！」という見出しがメディアで大々的に取り上げられることになりました。

「食堂の仕事は本業とは関係ないし、ちょっと恥ずかしいな」と隠していたら、ここまで注目はされなかったでしょう。売れるために、何でも利用してやろう。そんな「したたかさ」を身につけていたからこそ、**不要なパーツを武器に変えられた**ともいえます。

ちなみに、山口さんに大きな影響を与えていたのは、お母さんだそうです。山口さんが出版社に漫画の原稿を持ち込んで、「絵がヘタだからやめたほうがいい」と言われた話をすると、このように言ったそうです。

「あなた自身が、自分には才能がないと感じて諦めるならいい。でも、それ以外の理由で諦めると、のちのち悔やむことになる」

親は子どもに苦労させたくない気持ちから、「これがダメでも、ほかの道を探せばいい」とアドバイスしがちです。

ところが、絵をけなされて傷ついた娘に、「他者基準では後悔するよ。自分基準で生きなさい」という力強いメッセージを送っている。すばらしいですね。実はこのお母さん、ご自身は若い頃にオペラ歌手になる夢を諦めた経験があるそうです。

これを読んで「あーあ。やっぱり成功する人は親にも恵まれているな」「うちの親なら、それ見たことかって言いそう」と思った方もいるでしょう。

でも大丈夫です。過去の親がいくらダメな人だったとしても、打つ手はあります。それが**「過去の親を育てなおす」というワーク**です。こちらは第6章で詳しくご説明します。

人生は親にどのような使命を与えていたのか？

◆ビジネス、収入、健康など多方面から親を深掘り

ここからは、あなたの親の使命、脳内の親が持つ「人生のテーマ」を探っていきます。

「自分の人生のテーマですら考えたことがないのに……」

そんな声が聞こえてきそうですね。ですが、前章でも説明したように、自分自身の内面にアプローチをするより、いったん自分のことは脇に置いておいて、**親の視点で過去を振り返るほうが、自分の人生のテーマを発見しやすくなります。**

「自分のせいかな」「あのとき、こうすればよかったのかな」と、細かいことが気になってしまう方ならなおさらです。遠回りに思えるかもしれませんが、肩の力を抜いて、ワークに臨んでみてください。

あなたの父親と母親は、次の８つの分野について、内面にどのような感情や感覚を持っていたでしょうか。また、どのような信じ込み（前提）を持って生きてきたと思いますか？

次ページの項目を見ながら考えてみてください。

1 ビジネスの成果
2 収入・貯蓄
3 健康、身体、容姿
4 人間関係（家族、友人、同僚など）
5 恋愛（恋人とのパートナーシップ）
6 結婚（配偶者とのパートナーシップ、夫婦生活）
7 自身の知識・学力
8 自身の精神性・メンタル

◆両親の「人生の真のテーマ」について考えていく

次に、子ども（あなた）に対して、いままで洗い出したような影響を与えてきた両親は、自分自身の人生の中で、どのような人生のテーマ・役割のようなものを持っていたかを見ていきます。

1 父親の人生のテーマ・役割は？
2 母親の人生のテーマ・役割は？

例：父親（愛情を感じずに育った）……自分の使命は愛を与えてもらうよりも、愛を与えることだ。「愛とは何か」を明確にして世の中に伝えていく役割がある。

例：母親（親に束縛されて育った）……自分の使命は自分基準を強めていくこと。自由を取り戻すコミュニケーション術を開発して、世の中に伝えていく役割がある。

◆親に求められている「人生のテーマ」とは？

あなたの両親自身の体験、または両親の身の回りに起きたさまざまな出来事、そして両親が持っていた信じ込み（前提）を振り返りながら、感じてみてください。

父親の人生は、父親自身に何を求めていると思いますか？

父親の人生は、父親に何を求め、その出来事や信じ込みを与えてきたのだと思いますか？

1　父親の人生が父親自身に求めていること

2　父親の人生が父親に与えてきた出来事の目的

3　父親の人生が父親に与えてきた信じ込みの目的

母親の人生は、母親自身に何を求めていると思いますか？

母親の人生は、母親に何を求め、過去の出来事や信じ込みを与えてきたのだと思いますか？

1　母親の人生が母親自身に求めていること
2　母親の人生が母親に与えてきた出来事の目的
3　母親の人生が母親に与えてきた信じ込みの目的

あなたの人生には、なぜそのような親が必要だったのか？

◆最初にプログラミングされた使命を探し出す

ここに桃の種が1つあるとしましょう。この種を土に植えて、水をやっているとやがて芽が出てくる。ぐんぐん成長して丈夫な木になって、やがて桃の果実が実ります。

この桃の使命を考えてみてください。まず1つめは、**種を絶やさずに、どんどん仲間を増やしていく**ことですね。果実を実らせて、甘い匂いをふりまくことで、周囲にいる動物を誘い出す。甘くておいしい実を食べさせてあげるから、その代わりに種をどこかへ運んでね、というわけです。桃の実を食べた動物が、移動先で飲み込んだ種をフンとともに出すと、その場所で新しい芽が出て、桃の木が生えるわけです。

もう1つ、まわりから見た桃の種の使命というのも考えてみます。この場合は、**「桃というおいしい果実を世の中にもたらす」**ことです。「食べたい人はどうぞ食べてください」となっているわけですね。

間違っても、途中で「私はりんごの木になりたい」「柿の木のほうがよかったなぁ」とは思わない。また、途中で誰かが「あなたは桃の木なんだから、こういう風に実をつくりなさいよ」と口を出すこともありません。なぜなら、**最初から種の中に、桃の木の情報がすべて入っているから**です。

これは**人間も同じ**です。いまは自覚していなくても、**「今回はこういうテーマで生きるからね」というのが脳にプログラミングされている。**それを実らせるために必要なノウハウ、情報、環境が全部パッケージになっています。親、先生、友達、恋人、仕事仲間――ペットの動物もいるかもしれません。そのほか、**その人に起こるあらゆる出来事が組み込まれた状態でこの世に生まれてくる**のです。

もちろん、桃の木に比べると、人の一生ははるかに選択肢も多く複雑です。自分の意思で移動して、生きていく場所を選ぶこともできるし、向いているかどうかを考えて仕事を選ぶこともできる。

とはいえ、顕在意識ですべてをコントロールしている人はいません。無意識が選び取ったルートに乗っかって、いろいろな出来事を体験しながら人生のテーマを達成し、そしてまたあの世に戻る――ということをやっていく。その繰り返しなのです。そして、これまでの人生を振り返ることは、**プログラミングされた使命を確かめにいく行為**でもあります。

ここからはいよいよ、あなた自身の人生を振り返っていきます。

1　あなたは、どういう目的であなたの親のもとに生まれてきたのでしょうか？
2　あなたの人生は、どういう目的でこのような親を用意したのでしょうか？
3　あなたの人生は、あなたにどのような役割、ミッション、使命を与えていると思いますか？

アメリカ合衆国第28代大統領のウッドロウ・ウィルソンさんは、「運命の中に偶然はない。人間はある運命に出会う以前に自分がそれをつくっているのだ」と言いました。

「そもそも運命って、つくれるものじゃないでしょう」とか、「運命は最初から決まっているもので、変えられないものでしょう」と言う人もいると思います。

しかし本当にそうでしょうか。与えられた親や、起きてしまったこと、それらにネガティブな感情を持っていたとしても、そこに張り付いた「信じ込み」をはがしてみると、思いがけない真実が顔を出すものです。私は、こう考えています。**その人に与えられた両親は、その人が自分の使命に気づくために欠かせない存在**なのだと。

先ほどの質問がピンとこない方のために、もう一度、噛み砕いてみましょう。

あなたは何のために、過去の出来事や体験、信じ込みなどを持っていた父親・母親を選んで生まれてきたのですか？

あなたは何のために、このような人生のテーマ・役割を持った父親・母親を選んで生まれてきたのだと思いますか？

あなたの人生あるいは本当の自分は、今回の人生の中で、あなたに何を実現してほしいと望んでいるでしょうか？

◆児童養護施設の生まれは彼女にとって必然だった

以前、ある相談者の方の病気の原因を探っていたときのことです。仮にWさんとしましょう。Wさんは児童養護施設で育てられたので、親の記憶が残っていないというのです。そして、「親に捨てられるくらいなので、自分には価値がない」という思い込みがありました。あるときWさんはふと、こんなことを口にしました。

「こんな価値がない私なのに、どうしてなのか、周りの人が私にいろんな人生相談をしてくるのです」

「なぜあなたに相談してくるんでしょう」

「さあ、それがさっぱりわからないんですよ。こんな私に相談してくるなんて」

そこで私はピンときたのです。それがこの人の使命ではないか、と。

「あなたは自分の生きる目的、役割に気づいていないみたいですね。親に捨てられたことが関係してるんですよ」

「え？　親に捨てられたら、使命が人生相談になるってこと？　意味がわかりません」

混乱しているWさんに、私はこう説明しました。親と仲がいい、家族全員が円満という家に生まれた人は、何かあれば家族を一番に優先します。震災が起きたり、家族の誰かが事故に遭えば全員が集まって支えあいます。

でも考えてみてください。家族といっても「数人のグループ」です。小さな輪の中でだけ価値を与えあっているのです。

でも、Wさんの人生はそうじゃない。世の中の圧倒的多数の人たちを自分の家族とみなして、親身に相談を聞く。そうすることで、多くの人たちを救って影響を与えていくのです。そのためには、家族がいないほうがいい。いるとどうしても家族以外の多くの人たちに心を向けられないから、家族との縁を切っておこうとなったんです。だから、親にあなたを捨てさせたのです。

Wさんはポカンとしていましたが、すぐ我に返りました。

「そういえば……」

いろいろな記憶がつながりはじめたようでした。人生相談をしてくる人たちは、家族に恵まれない人だったり、家族にも言えない悩みを抱えている人たちだったようです。

「なるほど……。私はいままで、捨てられたことは自分の罪なんだと思っていました。そうではなくて、私のほうに親を捨てさせる必要があっただけなのですね」

その後、Wさんの病気はみるみる回復していきました。肉親との縁が薄い人は、人間レベルでは「親の愛が受けられなかったかわいそうな人」と解釈されますが、**親がいないということは、そこから受け取るメタ無意識の影響も少なくなります。**けっして悪いことではないのです。その分、社会とのつながりが強くなり、自分の価値をストレートに発信できる人も多いのです。

元ビートルズのジョン・レノンさんも児童養護施設で育っていますし、スティーブ・ジョブズさんは生まれてすぐ里子に出されています。彼らが世に送り出してきた計り知れない価値は、いまさら説明するまでもありませんね。

◆病院を辞め自分の「本当の人生」を見つけた医師

逆に、一般家庭よりもかなり恵まれた環境に生まれ育った人も、気が進まない進路を選んだ結果、苦しむことがあります。

以前、ある大学病院の先生が「膠原病で苦しんでいます。もう、西洋医学では手の施しようがないんです」ということで相談にみえました。仮にTさんとします。「どうして医者になったんですか？」と聞いたら、親、兄弟、祖父母と全員が医者なので……と話し始めました。しかも、全員が東京大学の医学部出身だといいます。

「親族の中で私だけが東大に落ちて、△△大医学部出身なんです。私の唯一のコンプレックスです」と言いだすので、「それ、△△大学の人に言ったらボコボコにされますよ？」と思わず笑いました。ところがTさんは、悲しそうに肩を落としています。どうやら、ジョークのつもりではなかったようです。

「まわりが全員東大に行ってるから、自分も当然、東大に行って医者にならなきゃと思ってて。ほかの選択肢はなかったんです」

病気の原因が見えたかもしれません。「東大に行けなかった自分」を責めつづけた結果、免疫機能が異常をきたし、自分自身を攻撃するように変化した可能性があります。

そこで私は質問しました。

「あなたの人生は、何のためにあなたを東京大学に不合格にさせたんですか？」

「……」

「つまり、親が敷いたレールに乗りたくなかった、レールから外れたかったんですよね」

Tさんは無言のまま頷きました。

「ほかに、したいことがあったのではないですか」

「さあ……。でも、医者にはどうしてもなりたいってことはなくて、自分のやりたかったことは違う気がします」

「じゃあ一回、大学病院を辞めましょう。半年くらい別の仕事をして、何をやりたいのか自分で考えてみましょう」

「いや、さすがに大学病院を辞めるのは……。妻も大反対するでしょうし」

かなり抵抗していましたが、このまま放置してしまったら、病気はさらに悪化すると思い、食い下がりました。

「そりゃ反対するでしょう。しかし、いまのままでいったら、病気はもっと悪化しますよ」

「……」

いま思えば、医師に向かって言うセリフとは思えません。でも、このときは必死でした。

「一回、本当に辞めてください。なんでもいいから、いまとは全然違う仕事をやってみて……。で、もう一度医者がやりたいとなったら、ちゃんと理由を付けて、私はこういう目的で医者をやると宣言しましょう」

その後、Tさんから「大学病院を辞めました」と連絡がありました。そして3か月後、「膠原病がなくなった。数値が正常値に入った」というメールが届いたのです。そこには、こう書き添えてありました。

「改めて考えてみたのですが、やはり医者を続けることにしました。でも、こういう目的で医者をやるというビジョンは立てました。自分で決めて納得しましたので、もう一度病院に戻ります」

コンプレックスを抱えながら、嫌々やっていた医師という仕事に、自分で新しい価値をつけなおしたTさん。「いったん病院を辞めたことで、他者基準から自分基準にリセットできました」とおっしゃっていましたから、もう大丈夫でしょう。

◆「貧乏な親」が必要だった⁉ リセット原体験

私の場合は、貧乏な家に生まれたことが、人生のテーマをみつける旅の原点になっています。物心ついたときから「お金がない」という現実と向き合わざるを得ませんでした。

友達はこづかいを毎月決まった額でもらっているのに、私はもらえませんでした。小学校6年生の頃には、友達は学校が終わると、毎日のようにゲームセンターに走っていきました。こづかいがない私は、誘われても「いや、お金ないから」と断るしかありません。

親にその話をすると、「こづかいが欲しいなら、家のお手伝いをしなさい。そうすれば1回1

00円あげる」と言われました。重労働の割にもらえる金額はごくわずかです。100円玉1枚でゲームセンターに行っても、数分で終わってしまいます。「これじゃあ全然足りないよ!」と不満をつのらせた結果、私は意識を外に向けはじめました。「何か売れるものはないのかな?」と考えるようになったのです。

その頃、うちは東京都から岩手県に引っ越したばかりでした。東京とは違って川もきれいで、山に行けばカブトムシとかクワガタが面白いほど捕れる。東京ではデパートで売っているものがタダで手に入るわけです。そこで最初に考えたのが、「これ、東京に持っていけば売れるんじゃない?」というアイディアです。

でも、ほかにも売れるものがあるかもしれないと探していくうちに、もっとすごいものを見つけました。水晶です。川で泳いでいるとき、川底にキラキラ光る石を見つけ、持って帰って図鑑で調べたら、なんと水晶だったのです。「あれ? 水晶って宝石だよな……」

あのときの興奮は忘れられません。上流に行けばもっとあるんじゃないかと、休みの日に自転車で川の上流に行ったら、銅の採掘場があり、銅と一緒に採れた水晶が捨てられてゴロゴロ転がっていました。

採掘場が休みになる日曜日に忍び込んで水晶だけ拾ってきて、貴金属の加工会社に売ったら、買い取ってもらえました。「へえ、商売って面白いな」と、そこで目覚めたのです。

こづかいをもらえる家の子がうらやましくて、どうして自分はこんな家に……と、思ったこともありました。ですが、こづかいがもらえていたら、「自分で稼ぐ」というよろこびや達成感は味わえなかったでしょう。

お金は与えてもらうのではなくて、自分の手で稼ぐことができるもの。

私にとっての初めてのメタ無意識のリセットは、小学生の頃だったわけです。水晶を売ったお金でゲームセンターに行って、友達にはハンバーガーをごちそうしました。みんなのよろこぶ顔を見て、**「これって、貧乏だったおかげだよなぁ」**と心から思ったのです。つまり私には、**こづかいをたくさんくれない親、貧乏というものが必要だった。**

もちろん、いまの私にとって「お金を稼ぐ」ということは使命ではありません。ものごとの捉え方をちょっと変えるだけで、自分が見ている世界はいいほうにも悪いほうにも変わる。まだ気づいていない人たちにそれを伝えて、ビジネスで新しい価値を生み出す方向へ導いていきたいと思っています。

人生のテーマを「現実化」する実践ワーク

◆梯谷流の「思考を現実化」させる基本の考え

『思考は現実化する』という本をご存じでしょうか。ナポレオン・ヒルさんが新聞記者だった頃、大富豪のアンドリュー・カーネギーさんに頼まれて、万人が活用できる成功の秘訣を体系化したものです。同じテーマを扱っている『引き寄せの法則』（エスター・ヒックス、ジェリー・ヒックス著）でも、「人は、自分が思い描いたものを手に入れることができる」と説いています。ですが、単純にこうなればいいなぁと思い浮かべるだけで、それが現実化するわけではないことは、みなさんもおわかりでしょう。

確かに、成功者の考え方を知って、真似ることでうまくいくこともあります。しかし、学んだことを実践しても、思考が現実化しない人のほうが圧倒的に多いわけです。なぜでしょうか。何が違うのでしょうか。そのような質問を受けると、私はいつもこのように答えています。「外からキャッチした情報を、脳がどんなふうに受け止め、使っているかによります」と。

次のページの図をご覧ください。このように、**脳の受け止め方は、3段階のレベル**に分けるこ

［3段階の脳の受け止め方］

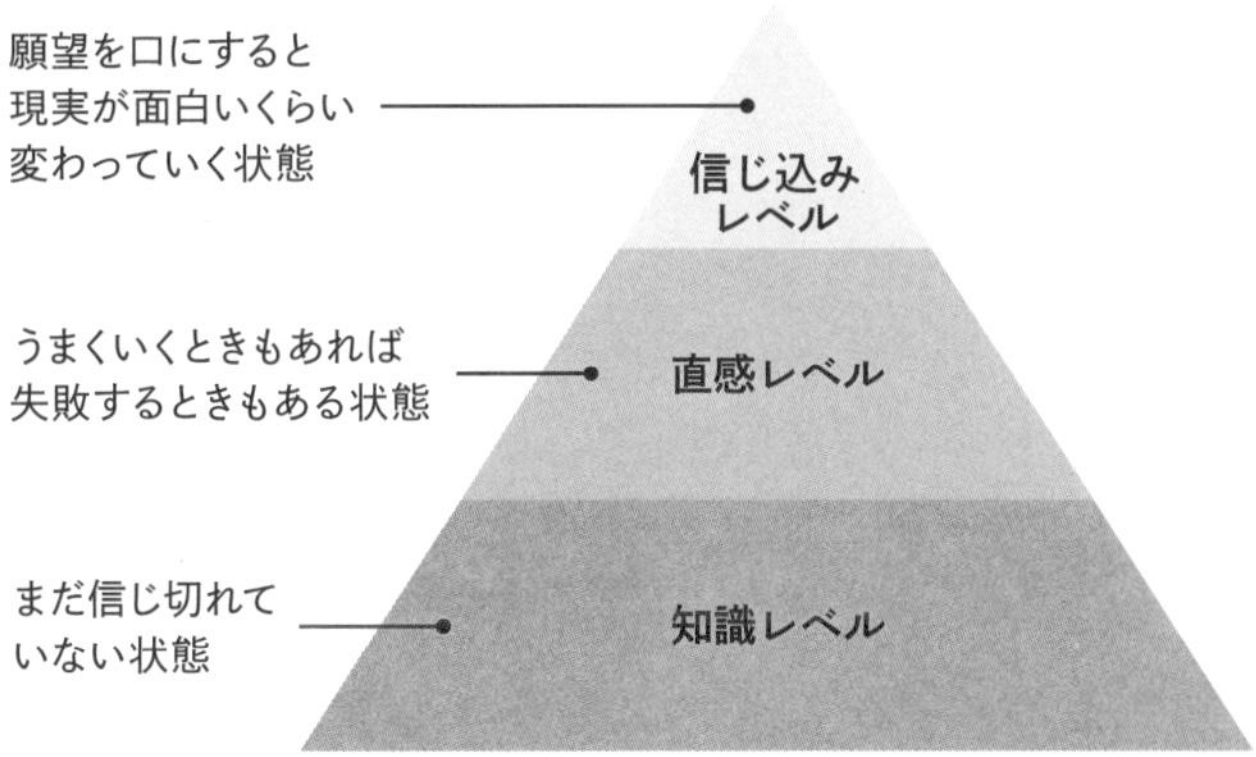
願望を口にすると
現実が面白いくらい
変わっていく状態
信じ込み
レベル
うまくいくときもあれば
失敗するときもある状態
直感レベル
まだ信じ切れて
いない状態
知識レベル

とができます。

◆「うまくいく人」と「うまくいかない人」の脳の違い

まずは「知識レベル」。階層でいうと一番下になります。**たんに知識を持とうとしているだけで、中身を信じ込んではいない状態**です。

「これをやればうまくいくはず！」という願望はあるし、これから得られるよい結果を信じようとして、前のめりにはなっている。ところが、心から納得しているわけではない。信じたいけれど、「そんなに簡単にいくのかな？」と、どこかに疑いの感情が残っている状態ですね。

わかりやすい例でいうと、新しいダイエット法が出るたびに飛びつくような人。信じ込んでいないから、結果が出るまで継続することができない。ちょこっと経験してみて、結果が出ないと「やっぱりダメか〜」と投げ出してしまう。そして、新しい方法が話題になると、また飛びついて——を繰り返すのです。

知識レベルの人たちは、うまくいかないと人のせいにする、という特徴もあります。病院に行って、出された薬が効かないと、「あの先生、これを飲めば治るって言ったのに。ヤブなのかなぁ」と言い出します。信じ込もうとしているだけで、本当は信じていない。だから、こういう発言が出てくるんですね。

「これをやれば、うまくいくんですよね？　楽しみです！」と言う人も、知識レベルに多いです。前向きで感じのいいセリフですが、他人事みたいな言い方ですよね。顕在意識では信じ込もうと頑張っているのですが、潜在意識は「またまた、調子のいいこと言って」としらけている。

これではいくら望んでも、現実化しません。

知識レベルの人は、**メタ無意識でいうと、誰かにやり方を教えてほしがる「プロセス型」、または他人の基準で動く「他者基準」**です。ポジティブ思考を実践してもうまくいかないなぁ、という人は、ここに問題があるのです。

「あれがやりたい」「これがやりたい」と、願望をあれこれ口にしても、外の世界との間には分厚い壁がある。この壁に阻まれて、声が届かない状態なのです。

ここから一段上がると、**「直感レベル」**になります。まだ目の前に壁はあるけれど、ところどころに通気孔がある。願望を口にすると、外にちょっとだけ声が漏れている。小さいながらも声が外に届いているので、少しずつ、ゆっくりと願望が現実化していきます。

メタ無意識でいうと、**プロセス型からオプション型に、他者基準が自分基準に少しずつ寄ってきた状態です。**やりたいことがうまくいくときもあれば、失敗するときもある。

直感レベルの人に、「今日は成功したけど、なぜそうなったんですか？」「昨日失敗したときは、何がよくなかったんでしょう？」と聞いても、「いや、なんとなく……」としか答えられない。まさに**直感に頼っている状態**です。ですが、知識レベルの人みたいに、「だって、○○さんがそう言ったから」という言い訳は出てこない。

「うまく言えないんだけど、なんとなく、そう思うんだよね」

他人には説明できないけれど、その人の内部では、現象を実感できている。ここが重要なポイントです。つまり、本来の自分を取り戻しはじめているわけです。飛行機でいうなら離陸時の、滑走路からフワッと浮き上がった状態ですね。

そして最後が一番上の**「信じ込みレベル」**。文字通り、心から信じ込んでいる状態です。目の前を阻む壁はなくなっていて、足元の地面と一体化している。願望を口にすると、現実が面白いくらいに変わっていくレベルです。メタ無意識でいうと、**完全なるオプション型、完全なる自分**

基準になっています。「どうしてこの方法がうまくいくと思うんですか？」と聞くと、「それはAがこうなっている間、Bはこうだから、Cという結果になるよね」といった感じで、ロジカルな説明が返ってきます。他人に説明するだけでなく、他の現象に置き換える「たとえ話」をする人も多い。先ほどの飛行機の離陸みたいな表現を多用するということです。

たとえ話ができるというのは、その人がものごとの本質をつかんでいる証拠です。また、信じ込みレベルの人は、「どうしてそれをやりたいんですか？」と聞かれると、「こういう理由で、こういう目的で、世の中にこういう価値を送りだしていきたいんだよ」と、明確なビジョンを示します。成功している起業家などに多いタイプです。**自分のやりたいことが、未来予想図としてイメージできている**のです。

「信じ込みレベル」に移行してもらうために、私のセミナーでは参加者の方にちょっと面白いトレーニングを用意しています。「これこそが、私のやりたいことだ！」と、言い切る練習です。

◆架空のビジネスで「願望を言い切る」練習を

肩慣らしとして私がよくやるのは、ありえないビジネスを題材に、「どうしても、私はこのビジネスがやりたいんだ！」と宣言して、みんなの前でその理由を説明してもらうというトレーニングです。

先日の課題は、「鼻息コミュニケーション」でした。鼻息だけでコミュニケーションをとる方法を教えるトレーナーになったつもりで、自分がなぜこのビジネスをしているかを発表してもらいました。ありえない設定ですから、正解も不正解もない。イマジネーションをふくらませて自由に語ってもらいます。

「ええっと……。鼻息でコミュニケーションするメリットはですね、そう、やはり他人と目を合わせなくてすむ点です。もともと私はあがり性でしたが、家にこもって鼻息トレーニングを積み重ねたおかげで、いまでは7種類の鼻息パターンを身につけ……」

「鼻息でニュースを伝える鼻息アナウンサーの育成に取り組んでいます。ブレスを使い分けることで、こまやかな感情表現も可能になります」

「花粉症で鼻息コミュニケーションがうまくできない方のために、鼻息通訳を育てたいんです」

こんな感じで、みなさん、無理やりこじつけて理由を説明しはじめます。最初は言葉につまっていた人も、私が質問を重ねていくと、開きなおってくるのか、堂々と胸を張って、身振り手振りまでまじえて鼻息について熱弁を振るうようになる。

このトレーニングのあと、「では、自分に与えられた役割、自分が本当にやりたいことを説明すると、どんな感じですか？」と改めて質問すると、みなさん饒舌に語りはじめます。そのような変化が起こるのは、「どんなにバカバカしいことでも、やりたいことを口に出していいんだ」と脳にインプットされたからです。

第4章でご紹介した、「親を居酒屋メニューにたとえる」ワークと同じで、**リミッターを外した結果です。直感レベルで止まっている人は、信じ込みレベルまでいかに自分を導いていくかがカギになります。**

自分基準の人でも、それまでは何となくしか考えてこなかったし、そこまでは決めてこなかったという人は多いでしょう。その場合は、ぜひこのトレーニングを試してみてください。**自分の口で声に出して話すことで脳に納得させると、「ああ、そういえば、そっちに行きたいね！」と腰を上げて、完成予想図を描こうと動きはじめるのです。**

トレーニングは、実際に人前に立って行うことが望ましいですが、1人でもかまいません。自分でも笑ってしまうような、思い切りバカバカしいビジネスアイディアをネタに実践してみてください。

ここまでくれば、現実が動き出すまであと一歩です。

第6章

「脳内の親」を育て直せば 未来は常に思い通り

リアルの親がみるみる変化する「不思議なからくり」

◆遺伝子を変える「DNAスイッチ」とは?

いよいよ最終段階です。ここまでワークを続けてきて、何か変化はありましたか?

「ネガティブな思い込みがすっかりなくなって、目の前が開けました!」

「生きる使命も見つかりました!」

という状態にたどりついたのなら、こんなにうれしいことはありません。ですが、「やっぱりまだモヤモヤが残っている」「解除したつもりでも、時間がたつとまたネガティブな思いが湧いてくる」という方もいるでしょう。

そのような方に話を聞くと、「親から遺伝で受け継いだものは、どうにもならないんじゃないですか?」と言われます。

「遺伝なんだから、しょうがない——」

この言葉を聞いて、あなたはどんな気持ちになりますか？　もしかしたら、思いあたることがあるのではないでしょうか。子どもの頃、お正月や夏休みに親戚で集まると、こんなことを言う大人がいたものです。

「だんだんお母さんに似てきたね。とくに口元なんかそっくり」
「いたずらばっかりして。お父さんの子どもの頃にそっくりだよ」

小さい頃は、いろんな人から「親に似ている、似ていない」という基準でいじられます。言ったほうは大して気に留めていませんが、言われたほうは、意外とずっと覚えているものです。そして、**それがネガティブな感情とともに記憶されると、厄介なことになります。**
「あー、○○ちゃんはお父さんのダメなところが似ちゃったね」と言われたら、「ああ、いくら頑張っても無駄なんだな」という無力感が脳に根付いてしまいます。

遺伝という概念を発見したのは、グレゴール・ヨハン・メンデルさんです。「メンデルの法則」でおなじみですね。
メンデルさんは3万本近くのえんどう豆を育て、綿密な観察をもとに、茎の長さやさやの色などが次の世代に一定のパターンで引き継がれることを発見しました。

その研究内容が定説となり、私たちは親と自分に共通する特徴を見つけては「遺伝だ」「血は争えない」などと思い込むようになったわけです。


次にDNA(デオキシリボ核酸)が発見されると、今度は、DNAの主要成分である塩基配列に書き込まれた情報が、次世代に引き継がれることがわかってきました。

この塩基配列のなかには遺伝情報を伝える部分と伝えない部分があり、伝えない部分は外部からの刺激によって書き換えができる、という研究結果が出はじめています。

NHKスペシャル「シリーズ人体Ⅱ　遺伝子」というテレビ番組では、**「DNAのスイッチが変化して遺伝子の働きを変える」**という驚くべきしくみが紹介されていました。

運動することで糖尿病や心筋梗塞、がんなどの病気を予防したり、症状を軽減する効果があることはわかっていましたが、そのメカニズムは謎でした。

ところが、運動によってDNAのメチル化が促進され、DNAスイッチが切り替わることが明らかになってきたのです。

メチル化というのは、塩基配列の特定の部分に働きかけて、「遺伝子の発現を抑制する」という現象です。これを利用して、遺伝子異常が原因で起こる、がんなどの治療薬がすでに開発されているのです。

この研究結果が示しているのは、「DNAのスイッチの変化はそう簡単には起きない」という定説はもう古いということです。

ですから、「親に似て○○だから……」が口癖になっている人は、その思い込みを外してしまいましょう。

◆想像だけで増える運動野！　ハーバード大のピアノ実験

実際に運動しなくても、頭の中で運動している場面を想像するだけで、脳の運動野や体性感覚野といわれる領域が活動する――そんな研究結果にも私は関心を寄せています。指の運動をイメージしたら、**指と関連する領域が動き、足の運動をイメージしたら、足と関連する領域が動く**といいます。アスリートが実践しているイメージトレーニングはまさにこれを応用したメソッドです。

この分野でよく知られている実験を1つご紹介しましょう。ハーバード大学のパスカル・レオーネ教授らが1995年に発表した研究です。

パスカル・レオーネ教授は、まず、まったくピアノを弾いたことがない複数の被験者に同じ課題曲を与え、5日後に実際に弾いてもらいました。この実験で、被験者は次のような3グループに分けられました。

Aグループ：5日間、本物のピアノで2時間練習
Bグループ：5日間、イメージトレーニングだけを2時間行う
Cグループ：何も練習しない

この3グループに、どんな違いが現れたかを調べてみたところ、以下のような結果になりました。

Aグループ：演奏技術が向上
Bグループ：演奏技術が向上（Aグループの3日分に相当）
Cグループ：演奏技術に変化なし

何も練習しなかったCグループについては、当然の結果が出たといえます。

Bグループは5日間、鍵盤の写真でイメージトレーニングをしただけなのに、本物のピアノで

3日間練習したときと同程度の成果が見られました。

しかも、**演奏後に指を動かす神経細胞の働きを測定したところ、A・Bグループともに神経細胞の機能が向上**していたそうです。

本物のピアノを弾いていなくても、脳の中で指を動かしているイメージを繰り返していると、**脳は「私はそういう動きをする人なのだ、これは現実のことだ」と認識する**わけです。

やがて、その動きに対応する運動神経が発達してくる。その状態で本当に指を動かしていくと、脳が覚え込んだ通りに指を動かすことができます。**これが脳の信じ込み**です。

私のメソッドは、おもに言葉によって脳のメタ無意識に働きかけていくのですが、これにイメージする力を加えたら、さらに高い効果が期待できます。

手順としては、まず文章（言葉）でシナリオのようなものをつくり、さらにそれを絵で表現して、ビジュアルイメージを補強する。その両方を見ながら、実際に体を動かしてみるのが理想的です。

言葉で概念をつかみ、イメージで補強し、体を動かして定着させる。それを脳に観察させることで、運動野が新たにつくられていくのです。

脳が新しい体の動きを感じ取って、「おや、何か始まったのかな」と反応する。これを繰り返すことで、「どうやら私にとって大事なことらしい。定着させていこう」と判断し、記憶していくのです。

脳内の親にアプローチをするときも、できれば言葉とともに映像で思い浮かべるほうがいいでしょう。未来予想図を描くときは、自分が使命をもって人生を歩んだ結果、どんな状態になるかを、できるだけ具体的に描いてみることをおすすめします。

コンテストに出すわけではないので、下手でも全然かまいません。自分の手を使って描くことで、より強固なイメージが脳に定着します。どうしても苦手という人は、写真をコラージュのように切り貼りして表現してみましょう。

◆脳内の親から「卒業」し自分の人生を切り離す

イメージの力は、脳内の親から卒業するときにも役立ちます。これまでのワークを実践して、「親の人生と自分の人生は違う。切り離そう」と言葉で強く念じても、ネガティブな感情が湧いてきてしまう人は、**過去の映像を思い浮かべながら、親と決着をつける**のです。

ここで、第5章で登場した医師のTさんに、再登場してもらいましょう。

大学病院を辞めていったん休職したものの、Tさんはほかにやりたい仕事が見つからず、結局は復職しています。

本人なりに「医師としての新しいミッション」を考えて自分基準になってはいますが、休職中は祖父や父親を思い出すたびに罪悪感が湧き、復職後もしばらくはモヤモヤした感情を抱えていたそうです。

祖父も父も東大医学部出身で、Tさんも東大に行って医者になるのが当然だと思い込んでいる。そんな祖父や父に本当は抵抗したかったのに、何も言えなかった自分が情けなくなり、どんよりとした気持ちになってしまったと、苦しい思いを打ち明けてくれました。

脳内の親にアプローチするワークは、**自己嫌悪や無力感が強すぎる人がすると、「こんなダメな自分が、いまさらこんなことをしてもなぁ」と、ネガティブな感情にスイッチが入って、効果が持続しない**ことがあります。

Tさんの場合は、祖父のことも父親のことも、医師として尊敬していたので、なおさら「優秀じゃない自分が悪い」という思いにひきずられやすくなっていたようでした。そこで私は、「小学生くらいから、自分の記憶をやりなおしてください」と助言しました。

「家族が集まっているところで、『おまえは、もちろん医者になるんだよな』と言われる場面を想像するんです。そこで、思い切り言い返してやりましょうよ」

脳内で小学生に戻ったTさん、「いやいや。みんなはそうかもしれないけどさ。僕は自分がやりたいことをやるからね！」

何十年も口にできず、飲み込んできた言葉があふれ出てきたそうです。Tさんは「親に言われっぱなしだった過去」を書き換えて、ようやくすっきりした表情を取り戻しました。

ちなみに、脳内の父親が「だったらもう、好きにしろ！」とブチ切れるシーンも出てきたそうです。

次はパニック症状で悩んでいた女性Rさんの事例です。年配の女性がヒステリックに叫んでいる場面に遭遇すると、その場に倒れ込んで立ち上がれなくなってしまうと言い、その症状が一向に改善しないと悩んでいました。

その原因は母親にありました。子どもの頃に母親からひどく叱られ、家の外に締め出された恐怖心が刷り込まれてしまったのです。年配の女性に反応するのは、当時の母親の姿を重ねてしまったからです。

ところがRさんは「たとえ脳内でも、母親と話すのは嫌だ」と激しく抵抗しました。母はとにかく気の強い性格で、大人になった現在でも言い返す自信がないと言います。そこで私は、「じゃあ、いまの姿から変身して、巨人になってください」と提案しました。

「はい！　いま身長１００メートルぐらいの大巨人になりましたよ。足下に家が小さく見えますね。家の屋根をバリッとはがしたら、ミニチュアのフィギュアみたいなお母さんがいますよ。これ、つまみ上げて、言いたかったこと、全部ぶつけてみましょうか」

いまは子どもを産んで自分が母親になっているRさん。ミニチュアの母親なら強気に出られるようで、思いのたけをぶちまけはじめました。

「お母さんさぁ。あれ、どう考えても、やりすぎだったよね」
「あんなに小さい子が締め出されたら、どれだけきついと思う？」
「子どもの育て方、間違ってるよ！」

実際は巨人になるなんてシチュエーションはあり得ない。でも、**脳は想像と現実の区別がつかないので、「私は巨人になって、母親にやり返した」という記憶に書き換わる**のです。

その後、発作は出なくなって、安心して電車や飛行機に乗れるようになったそうです。

Wさんという女性も、母親に対してずっと暗い気持ちを抱きつづけていたそうです。子どもの頃、テレビ番組で熱唱するアイドルにあこがれていたWさんは、「私、これやりたい！」と母親に言いました。

すると母親は、「アイドルなんてね、特別に可愛かったり、きれいな子が選ばれるの。あんたの顔は、どう見ても普通よ」。そう言って、ケラケラと笑ったのだそうです。私も思わず、「ひどい言いぐさだなぁ」と呆れたくらいですから、当事者のWさんはさぞショックだったことでしょう。いまでも、テレビ画面にアイドルグループが映ると、母親に言われた言葉がよみがえって、胸が締め付けられるようになると話していました。

ただ、Wさんはこの母親を心底憎んでいたわけではなくて、愛情も同じくらい感じていたと言います。ですから、母親に罪を認めさせるのではなく、アイドルを目指すことを受け入れさせる方法をとりました。

「たしかに、私の顔は子どもの頃から飛びぬけて可愛いってわけじゃなかったよね。男の子ですかって、言われることもあったくらいだし」

「だけど、アイドルって、すっぴんだと案外、普通の子が多いんだって。プロのメイクさんの力なんだよ。超売れっ子のこの女優さんだって、デビュー当時は普通だよ。ほら（と、スマートフォンで検索した画像を見せる）」
「ためしに、オーディションだけでも行かせてみない？　ダメもとで」
「もしも私が選ばれてデビューしたら、家計も助かるんじゃない？」

このように、母親にとってメリットになることも織り交ぜながら主張していったら、脳内の母親は理解を示してくれたそうです。

このように、「平和的解決」ができるなら、それに越したことはありません。ウィンウィンになる落としどころを見つけるのは、大人になったいまだからこそできることです。

理想を言えば、**ネガティブな感情や出来事を、脳内の親と一緒になって笑い飛ばすことができたら最高**ですね。お笑いの好きな人なら、親と漫才コンビを組んで、ステージで舌戦を繰り広げる場面を想像をしてみてはどうでしょうか。

◆脳内の親を育て直すとリアルな親も変化する！

第5章では、父親や母親の人生のテーマを探したあと、自分自身の人生のテーマに迫りましたが、ここからは、**脳内の父親と母親に対してコーチングやアドバイスをして、育てなおしていきます。**

「親が子を育てるならわかるけど、その逆はないでしょう？」

そんな声が聞こえてきそうですね。では、改めて聞きます。あなたは親のネガティブな感情を洗い出して、親の人生のテーマを見つけましたね。「ではなぜ、そういうテーマを持った親が必要だったのか」をもう一度自問してみましょう。

それは、**そのような人生のテーマを持った人を、あなたの手で育てるスキルを磨くため**だったからです。「人生があなたに何を求めているのか？」の答えでもあります。人生のミッション、与えられた役割です。

人生が用意した、切っても切れない親という存在。彼らは、子どもであるあなたを物理的に育てるだけでなく、**あなたからトレーニングを受けるため、欠点を持った状態で現れます。**

ですから、大きな欠点が3つある親が用意されたとしたら、その親の3つの欠点をどうするか、解決方法を考えるのがあなたの役目です。今度は自分が、親のようになって育てる側になります。

こうして親を開発するスキルを身につければ、今度はそれを自分に応用できます。自分を育てていけるようになるのです。もちろん生物学的には親は親でしかないし、あなたを育ててくれた人間ですが、脳内で子どもが親を育てたって、まったく問題ないわけです。

親という漢字を思い出してください。「立」「木」「見」というパーツで成り立っています。木の上、高いところに立って、相手をじっと見ているわけです。このように、観察できるようになったら、誰でも親になれるのです。

そして面白いことに、**脳内の親を育てなおすと、リアルな親も変化**します。私のセッションを受けた多くの方が、「本物の親に会ったとき、なんだか前より優しくなっていた」とか、「会うたびにカチンとくることを言う人だったのに、何もなかったんですよ」と、興奮気味に報告してくるのです。

でも、それは超能力ではありません。ワークを通じてその人自身の思い込みが外れ、リアルな親に対する向き合い方が変わったからなのです。

◆「ミラーニューロン」という神経細胞が人にもたらすもの

「脳には、相手の動きを感じ取り、同じ動きを真似るように反応する神経細胞がある」

いきなりそんな話をされたら、「怪しい」と思うかもしれません。しかし、現実にそう考える学説はあるのです。ミラーニューロンという言葉を聞いたことはないでしょうか。脳にある神経細胞の一種で、その名の通り、**鏡のように他者の動きを映し取り、それを模倣するような働きをする細胞**です。

ミラーニューロンは、１９９６年、イタリアのパルマ大学で偶然見つかりました。ジャコモ・リゾラッティさんの研究チームは、マカクザル（サルの一種）がエサを取るために手を動かすときの脳の動きを調べていました。手の動きに関連するのは、脳の運動前野です。その中のＦ５と呼ばれる領域に電極をつなぎ、反応するとアラームが鳴るしくみを用いて実験が進められていました。

ある日、研究者の１人が休憩中にぶらぶらと研究室を歩いていたら、何かを取ろうと手を伸ばした瞬間、アラームが鳴ったのです。ところが、電極をつないだマカクザルはおとなしく座っているだけ。手もまったく動かしていない。他者の行動を「見ただけ」で、Ｆ５領域の細胞に放電が起きていたわけです。

こうして発見されたミラーニューロンは、人間にも存在することがその後わかりました。手の動きだけでなく、赤ちゃんがお母さんの表情を真似たり、笑った顔を真似したり、相手の気持ちに共感して、その感情をもとに行動することも、ミラーニューロンが関連しているという研究もあります。

たとえば、家のソファでくつろいでいるとき、コーヒーを淹れようと立ち上がったら、隣にいた家族が「ちょうどいま、コーヒー飲みたいと思ってたの」と言うことはないでしょうか。このように思いや行動がシンクロする現象です。

しかし、**他者の思いを無意識に受け止める力は、ネガティブな感情も同じように取り込んでしまいます。**親から「あれもダメ、これもダメ」と言われて育った子どもは、親のしかめっ面を見るだけで、「ああ、またダメなんだな」と先回りして受け止めてしまう。ネガティブな共感です。これを繰り返すと、困ったことが起きます。

もっとも注意が必要なのは、大人になって体力が親を上回るようになったタイミング。「私のほうが強い」と思ったとき、子どもは無意識に、親にやり返そうとします。「この親のせいで、私はやりたいことができなかったんだ！」という復讐心が目覚めるのです。

重要なのはここからです。そんな子どもの思いをキャッチして、**今度は親の脳がこう反応するのです。**

「あ、この子は私のせいでやりたいことができないと思ってるんだ。じゃあ、その期待に応えてあげなきゃ」

これが認知症の引き金になっているのではないか——と私は考えています。

脳内のネガティブな感情をそのままにしておくことで、誤解が誤解を生んで、このような悲劇が生まれます。親に対して実際に手をあげたり、言葉で責めたりしなくても、です。だからこそ、「親の育てなおし」をして、ネガティブな感情は洗い流しておく必要があるのです。

「うちの親はお金を稼ぐ能力がなかった」
「人間関係がだらしなかった」
「愛情不足だった」

こんな印象を持っていると、親の脳がそれを敏感に感じ取り、「そういう人でいなきゃ」と、子どもから見える姿に自分を合わせようとします。

ミラーニューロンはまだ解明されていないことも多いのですが、**その人の背景、ネガティブな感情の背景にある意図みたいなものまで鏡のように映し出して、周囲に伝えてしまうのだ**と私は考えています。

「うまく言えないけど、なんかこの人って胡散臭いなぁ」とか、「この人といると、イライラする」と感じるときがあるでしょう。これも他人の裏の思いを無意識にキャッチしているのです。

他人の期待に反する行動をとってしまう、目標達成をしない、親や上司の評判を落とすような行動を取る――。

これらは**相手の〝不純な意図〟に逆らうために起きている、本来の自分からの警告である**と解釈できます。

偉人たちにあなたの親をコーチングさせる手順

◆あらゆる角度からコーチングを試してみよう

「親を育てなおす」と聞いて、あまり気が進まない人もいるでしょう。「私、そんなに大した人間じゃないのに……」と弱気になってしまうようなら、別の角度からアプローチする方法をおすすめします。「ダメな自分」のまま親を育てなおそうとしても、うまくいかないからです。

ここでは特別に、「偉人」という強力なサポーターにコーチングを依頼する手法をお伝えしましょう。世界中から尊敬を集める偉人たちのすばらしい名言で、親の思い込みを解除してしまうのです。

偉人コーチングのメリットは、**「第三者の視点」になることで、自分の中にも新しいアイディアが出てくる**ことです。偉人のプロフィールや名言は、インターネットで調べれば山ほど出てきますので、父親、母親と相性のよさそうな人を探してみましょう。

人選は重要です。「この人の言うことだったら親は聞くだろうな」という人が理想です。親が若い頃にファンだった俳優とか歌手、芸術が好きな親ならアーティストや音楽家でもいいでしょう。ビジネスに打ち込んできた父親だったら、政治家や起業家がいいかもしれません。

といっても、ジャンルを限定する必要はありませんし、男性の偉人と母親、女性の偉人と父親という組み合わせもＯＫです。

矢沢永吉さんのファンなら、永ちゃんにお願いしましょう。幼少期に貧困やいじめを経験して、逆境を生き抜いて成功をつかんだ人ですから、子どもの頃に苦労した親なら、共感しやすいはずです。

「年とるってのは、細胞が老けることであって、魂が老けることじゃない」なんてフレーズは、「もう年だしなぁ」が口癖になっている親に聞かせたくなりませんか。

ここではサンプルとして、２人の偉人をとりあげてみます。

◆実践！　世界の偉人になりきり両親と対話

ココ・シャネル——世界有数のファッションブランドとして知られる「シャネル」の創業者。高級婦人服のほか、ジュエリー、ハンドバッグのデザイン、香水の制作も手がけた。

ファッション界の頂点に君臨した女性ですが、孤児として生まれ、経済的自立を求めてさまざまな職業を経験し、若い頃は歌手の夢をあきらめるなど、挫折も多かった人です。そんな彼女が、「ばりばり稼ぐキャリアウーマン」にあこがれている専業主婦の母親にコーチングをしたら、どうなるでしょうか。

母親　「はじめまして。シャネルさんにお会いできてうれしいわ〜。私、大ファンなんです」
シャネル「あなたが私のことを好きか嫌いかなんてどっちでもいいわ。だって、私は自分のなりたい姿に近づくのに忙しいから」

いきなり突き放されてしまいました。でも、これは人目を気にしてやりたいことをストップしている母親に、気づきを与えるため、あえてこんな態度をとってもらいます。

母親　「私もシャネルさんみたいに、自立した女性になりたいんです。夫には腹の立つことばかりで、子どもがいなければとっくに離婚してたのに……」

他者基準なセリフであなたを傷つけてきた母親。シャネルさんはなんと答えるか。

シャネル「お金がなければ男に頼るしかない。でも嫌な男しか寄ってこなかったらそんな人生は嫌。地獄と一緒。だから私は自分で稼ぐことにしたのよ」

シャネルさんがこの言葉を残したのは、なんと12歳のとき。児童養護施設や親戚の家でバカにされた悔しさ、虚しさの中でこの人生哲学を持ったそうです。

母親　「でもお金を稼ぐってどうやって？　私にはシャネルさんみたいな才能もありませんし」
シャネル「お金を儲ける秘訣ですって。5本の指を1つひとつ折るように地道にやっていくことよ！」

アドバイス待ちのプロセス型にノーを突き付けるために、具体的な回答を与えないようにしました。

あこがれの人に厳しい対応をされた母親は、ちょっと落ち込んでいるようです。でも、シャネルさんが帰った後、伝記を読んでちょっと思うところがあったようです。

「シャネルさんも運よく脚光を浴びたわけじゃなくて、地道に努力してたのねぇ……」

セオドア・ルーズベルト

アメリカ合衆国第26代大統領。ニューヨーク市警察の腐敗と戦ったことで知られ、その勇敢さに人々は魅了された。日露戦争の停戦を仲介したことから、アメリカ人として初めてノーベル平和賞を受賞している。

裕福な家庭に生まれたルーズベルトさんですが、喘息に苦しむ虚弱な少年時代を過ごし、出産直後の妻と母親を同じ日に失うというつらい経験もしています。政治家のみならず、作家、ハンター、探検家としても偉大な実績を残しました。

そんなルーズベルトさんに、言い訳ばかりしてなかなか行動に移せない父親をコーチングしてもらいましょう。

父親　「私もルーズベルトさんと同じで、子どもの頃に好きだった探検をライフワークにしたいのです。でも、仕事が忙しくてそのタイミングがなかなか……」

ルーズベルト「いまいるところ、持っているもので、あなたができることをやりなさい」

父親　「一緒に行こうと誘ってくれる友人はいます。半年後のスケジュールを聞かれて『行けるか？』って言われているんですけど、仕事柄、忙しくなる時期が読めなくて」

ルーズベルト「できるかと尋ねられたときはいつでも『できる』と答えなさい。それから急いでどうすればいいかを探しなさい」

父親「そうですね……。ただ、私がいない間、部下に対応させるのが不安で。とにかくミスが多いので、書類はすべて私を通すように指示しているんです」

ルーズベルト「リーダーとボスの違いは何かと問われれば、リーダーの仕事は開かれているが、ボスの仕事は隠されている。リーダーは導くが、ボスは強要する」

父親「なるほど……。仕事を抱え込むボスから、任せるリーダーに変われば、探検に行けるってわけですね。そう考えたら、できそうな気がしてきたな」

ルーズベルト「自分はできると信じていれば、すでに目標の半分に到達したようなものだ」

ルーズベルトさんと話しているうちに、父親の本気度が徐々にあがりました。できない言い訳ばかりを並べる結果期待型から、結果行動型にうまくスイッチできたようです。

◆親の「人格」を組み立て直すメリットとは？

偉人になりきるコーチングのメリットは、「客観的な視点で親にアドバイスができる」という点ですが、先ほどご紹介したサンプルではもう1つ、「メタ無意識のパターンを修正する」という視点も加えてみました。

あなたから見て、「うちの親の、ここはどうしても気になるなぁ」と感じるものがあれば、偉人の名言の中から、その反対のメタ無意識パターンになる言動を探してきて、投げかけてみるのもいいでしょう。

ここからさらに深掘りしていって、親の人格を組み立てなおしていくこともできます。もし余裕があれば、次の2項目についてもコーチングしてみましょう。

1　親の知識や能力

何が足りないのか。何をすれば獲得できるか？

2　親のセルフイメージ

自分に対するネガティブな感情、思い込みをどう解消するか？

偉人の言葉だけを借りて、あなた自身が自分目線でアドバイスをしてもかまいません。その結果、両親が生まれ変わった姿を想像できたら、親の育てなおしは終了です。

「パラレルワールド」を生きるもう一人の自分に会う

◆宇宙全体が分岐してつくられる「並行世界」の存在

「多世界解釈」という言葉をご存じでしょうか。1957年、アメリカの物理学者、ヒュー・エヴェレットさんが考えた学説で、量子力学の分野で注目されてきたものです。

ゲームやアニメや小説でおなじみのパラレルワールド（並行世界）の元になっている説、というほうがわかりやすいでしょうか。

世界は無限に枝分かれしていて、それぞれの世界に「私」が同時に存在する。自分がいまいる世界は、無限に存在する世界の1つでしかない――。

そう思うと、不思議ですね。2020～2021年のアメリカ大統領選では、ジョー・バイデンさんが勝利したわけですが、ドナルド・トランプさんが再選された世界も共存するわけです。

もう1つの世界を生きている自分の存在があるなら、それを自分で認めてしまえばいいと私は考えているのです。すると、「人生は1度きり、やりなおしはきかない」とは思えなくなってきます。未来の自分に会いに行って、どんな様子かな～と確かめたくなります。

［パラレルワールドの元となる「多世界解釈」のイメージ図］

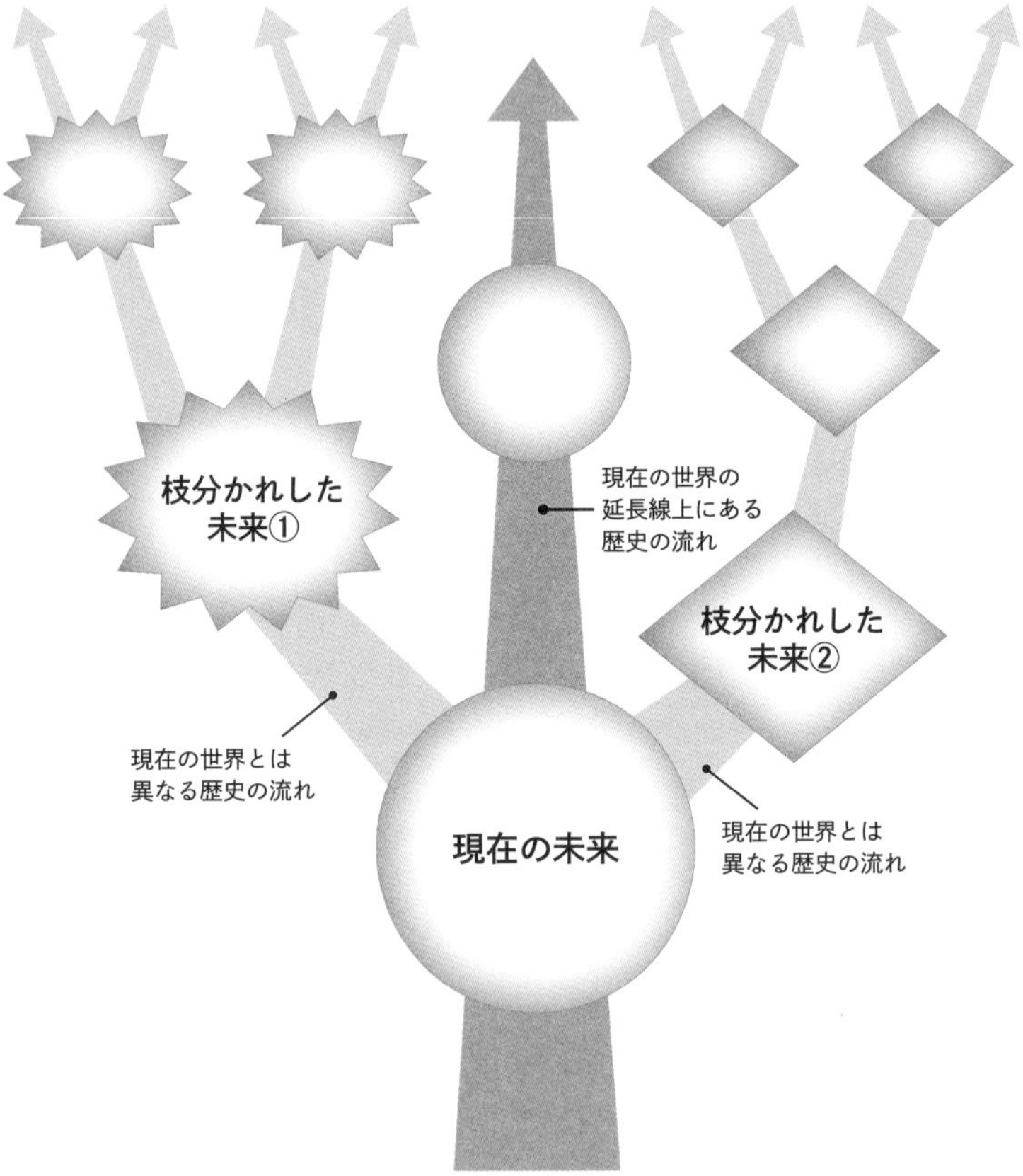

出典：ニュートン別冊『無とは何か』より作図

◆寿命を迎える自分へ会いに行く「記憶の逆走」

これまでのワークで書き換えてきた世界も、いわばパラレルワールドです。**ネガティブな感情と、ネガティブな思い込み。その元になっている脳内の親をコーチングで育てなおしたら、脳内の親が生まれ変わります。**

別人のように変わった父親、母親に育てられていたら、「私はどういう小学生時代を過ごすだろう？　どういう中学生時代を過ごすだろう？」と記憶を上書きしていくのです。望ましい子ども時代、青年時代を経験して、大きくなった自分はいま、どんな生活をしているのか。

たとえば、いまの仕事は営業マンだという人も、子どもの頃に買ってもらえなかったゲームを買ってもらったことで、プログラミングに興味をもって、ゲーム開発の仕事をするようになったかもしれません。

ゲームショーがきっかけで海外の友人がたくさんできて、世界中のゲーム愛好家が集まるSNSで新しいゲームのアイディアを語り合っているかもしれません。

でも、「いまの自分と同年齢の自分」を想像したところで終わりではありません。

今度は**さらに5年後、10年後、20年後といった感じで未来をのぞきにいく**のです。

そして、そろそろ寿命を迎えそうだな、という数十年後の未来までやってきて、まさに死を迎えようとしている自分を想像する。病院のベッドの上にいるのか、自宅にいるのか、どこか旅先なのか――。

場所が想像できたら、「いよいよ明日、人生が終わる」という瞬間を思い浮かべて、そこから過去を振り返ってみましょう。「いままでの人生って、どうだったかな」と。

仕事はこんな感じだったな、プライベートはどうかな、人間関係はどうだっただろう。こんな友達がいて、休日は一緒に趣味を楽しんでいたのかな。周りからは、どんな評価や印象を持たれていたのかな。

それは、現在の自分から見れば「未来」ですが、視点はさらに先の「死ぬ直前」に合わせていますから、「未来の記憶を逆走する」という何とも不思議な体験です。ですが、**「死ぬ前の視点」で考えてみると、自分でも驚くほどイメージが具体的に出てくる**んです。

私の場合は「普通の人が気づいていない未知の体験、まだ見ぬ可能性に気づかせていきなさい」とか「世の中にもっと笑いを提供していきなさい」といったメッセージが見つかりました。「周りからどう見られていたか」という想像から逆算することで、「こういう行動をしていたからだな。つまり、それを周りに伝える役割があったんだなぁ」という気づきにつながったのです。

ですからいまも、**朝起きた直後と夜寝る前に、いつも未来の記憶を旅しています。**

このイメージを、実際のビジネスに応用した人もいます。

関西のある企業の社長さんで、親から会社を引き継いだ二代目。お父さんがやっていた頃は年商70億円くらいあったのに、いまは年商50億円まで減ってしまった。

「このままだと赤字転落しそうなんだ」と相談に来たので、「親を育てなおして、自分が死ぬ直前まで行ってみてください。どんな映像が見えますか？」と言ったのです。

最初は「ぼんやりしか見えない……」と言っていましたが、朝晩、欠かさず想像してみたら、だんだんリアルな映像が見えてきて、１か月半後に再会したら、「売り上げ、10億円取り戻しました」と言うんです。

年商50億円の会社が１か月半で10億円を売り上げるのはすごいことです。

「何が起きたんですか？」と聞くと、「いや、わからない。いつもとやっていることは大して変わってないけど……」と言いかけて、社長はハッとなりました。

「死ぬ直前から記憶を思い出すのを毎日、朝晩やっているからでしょうか、やたらビジネスアイディアが湧いてくるようになりました。それを実行に移したら、そのうちの７割もヒットしたんですよ」

死ぬ前の状態から過去を振り返っていたら、本当の自分がだんだん蘇ってきて、「こっちに進もう」と動き始めたのです。「そのためには、これだけのお金が必要だね」と脳が動き始めたのでしょう。

「面白そうだけど、未来の記憶って、なかなか想像しにくいです」と、聞かれることもよくあります。たしかに、未来なのに「振り返る」というのはおかしな言い回しかもしれません。でも、それは私たちが過去・現在・未来という、時間を区別する言葉を使いはじめたからです。

過去のことは記憶があるはずだけど、現時点で存在しない未来には記憶はそもそもない。そういう前提が生まれているわけです。ですから、その前提を「信じなければいいだけ」のことです。問いかけ続ければ、そのうちポロッと出てくるんです。

イメージするときは、無理やりひねり出すのではなく、「あぁ〜、自分の死ぬ直前ってこんな感じかなぁ〜」とぼんやりした状態で行ってください。あきらめずに続けていると、だんだん映像がリアルになってきます。

未来の記憶をたどっていくと、そこには望ましい親に望ましい状態で育てられ、望ましい人生を歩んだもう一人のあなたがいる。その姿をはっきりとイメージできたとき、あなたの脳は「ここに行こう。近づこう」と動きはじめるのです。

おわりに

「こんなに自由に生きられるなんて、衝撃です。いままで、何をしていたのでしょう……」

これは、私の「脳内の親を育てなおす」プログラムに取り組まれた方々から、よく寄せられるご感想です。たとえば、「水で天ぷらを揚げようとしている人」がいたとき、あなたはどう思いますか？

「具材にちゃんと衣を付けて、熱々の水に入れているのに揚がらない……。あっ～！　水道水だからいけないのかな？　ミネラルウォーターで揚げてみようかな。……う～ん、ミネラルウォーターでも揚がらないな……」

こんな人がいたら、「そもそも、間違っているでしょう～！」と突っ込みを入れたくなるでしょうね。しかし、私たちも気づかないうちに、似たようなことをしているのかも知れません。

「きっと、私がうまくいかないのは、努力が足りないからだ。もっと努力しなきゃ」

「私は運が悪いからうまくいかないんだ。パワースポットに行って運気を上げなきゃ」

「私は頭が悪いからうまくいかないんだ。もっと勉強をしなきゃ」

など、色々と頑張ってしまう方も多いかも知れません。

しかし、そもそも「無意識のわな」から脱け出さない限り、身の回りの現実に変化をつくり出すことや、自分自身の成長、成功や達成、望みを叶えるということは、うまくはいかないかも知れません。「無意識のわな」から脱け出さずに努力を続けることは、「水で天ぷらを揚げよう！」と努力し続けるようなものです。人が成長・変化していくには、

・ある種の眠りから目を覚ますこと
・意識、注意力、観察力を完全に取り戻すこと

いわゆる、「覚醒」「目が覚めた」状態が必要です。

この「覚醒」「目が覚めた」状態になることで、自分の制限となっていたものを全く新しい視点で捉えられるようになります。

そして自分の制限だと信じ込んでいたことが、実は「本当の自分」からのメッセージだったと気づく。人生の目的や意味が刷新され、意識が拡大するという状態が起き始めて、さまざまなことが動き出すのです。

脳の動き方が変わる

▼

心や感情の動き方が変わる

▼

私たちの「最も深い動機」につながる

ビジネスや対人関係、恋愛や結婚、健康状態など、人生のさまざまな面において「現実をつくり変えていく」ことにつながっていきます。外側の世界で起きることは、あなたの意識の内側の世界の投影です。心の内側にある考えが、自分の外側の現実をつくり出していきます。

自分自身を受け入れていない人を、誰が受け入れるでしょうか？
自分で自分を認めていない人を、誰が認めるでしょうか？
自分に敬意や愛を持てていない人を、誰が愛するでしょうか？
自分を大切にしていない人を、誰が大切にするでしょうか？
自分のやりたいことに確信が持てない人に、誰がついていくでしょうか？

自分自身が一緒に居たいと思わない人のそばに、誰も居たいとは思わないでしょう。もう一度言いますが、あなたの外側の世界で起きることは、あなたの意識の内側の世界の投影です。


あなたが自分自身に投資をするならば、周りの人もあなたに投資をするでしょう。

あなたが「私には投資する価値が無い」と思っていて、自分自身に投資をしなければ、周りの人もあなたに投資をすることは無いでしょう。

あなたが、自分で自分を認めていけば、周りの人もあなたを認めていくでしょう。

あなたが、自分に敬意や愛を持ち始めれば、周りの人もあなたを愛していくでしょう。

あなたが自分自身を大切にすれば、周りの人もあなたを大切にするでしょう。

あなたが自分のやりたいことに確信を持ち、それをイキイキと表現していれば、その様子は周りの人たちにも伝わり、あなたを支援する人やあなたに付いてくる人も現れてくるでしょう。


植物が太陽に向かって育つのと同じように、人はパワフルな輝きに自然と引き寄せられます。人生につくられる現実を変えていくためには、人生の流れを変えていくためには、無自覚なうちにつくってしまった「無意識のわな」から脱け出すことが必要です。親を観察するところから、無自覚なうちにつくってしまった「無意識のわな」に、はまったままで生きていくか？

その「無意識のわな」を自覚して、脱け出して、「本当の自分の姿」や「本当の自分からのメッセージ」に気づいて、自分自身のための価値観や信じ込みをつくり出して生きていくか？

このどちらを選択するかで、人生の流れは大きく違ってくるでしょう。りんごの種の中には、りんごの木の芽を出し、りんごの木になり、果実としてのりんごの実をつくり出していく情報が眠っています。それと同じように、自分の中には、自分の使命・ミッションを生き、自分の使命・ミッションを実現している自分が存在しています。

「無意識のわな」に、はまったままで生きていくか？
「無意識のわな」から脱出して生きていくか？

果たして、1年後、3年後、5年後、10年後、どのような差が生まれてくるでしょうね。この本が、皆様の本当の自分の姿を自己実現させていくこと、本当の自分として生きていく醍醐味を目一杯味わっていかれることの一助になれば幸いです。

最後に、「脳内の親を育て直す」というさまざまな気づきや洞察を与えてくださった、のべ約8万人のセッション、プログラム参加者、ご相談者の皆様、そして、重要な気づきのきっかけを与えてくださった東京大学・大学院の先生方、研究員の方々に感謝いたします。
そして、いつもサポートしてくれている妻である梯谷礼奈、さまざまな情報収集などに協力してくれたアシスタントたちに感謝いたします。
また、この本をまとめ、世の中に伝えていく機会を与えてくださり、編集などにもご尽力いただいた株式会社ＫＡＤＯＫＡＷＡの杉山 悠さん、私の意図をうまく表現してくれたライターの中津川詔子さん、出羽迪世さん、水原敦子さんに感謝いたします。

私の心理技術に興味がある方は、YouTubeチャンネル「梯谷幸司」や「トランスフォームマネジメント株式会社」のホームページなどでも、さまざまな心理技術などの情報提供をしていますので、こちらもご覧ください。また私の各種セミナーでも、さまざまなエクササイズが体験できますので、ぜひ足をお運びください。

２０２１年７月

梯谷幸司

参考文献

『しらずしらず』レナード・ムロディナウ 著　水谷淳 訳（ダイヤモンド社）
『夜と霧　ドイツ強制収容所の体験記録』V．E．フランクル 著／霜山徳爾 訳（みすず書房）
『何のために生まれてきたの？』やなせたかし 著（ＰＨＰ研究所）
『遺伝子は、変えられる。』シャロン・モアレム 著、中里京子 訳（ダイヤモンド社）
『シリーズ人体　遺伝子』ＮＨＫスペシャル「人体」取材班 著（講談社）
『ピアニストの脳を科学する　超絶技巧のメカニズム』古屋晋一 著（春秋社）
『ニュートン別冊　無とは何か　「何もない」世界は存在するのか？』（ニュートンプレス）
『それでも人生にイエスと言う』V．E．フランクル 著／山田邦男・松田美佳 訳（春秋社）
『笑う免疫学　自分と他者を区別するふしぎなしくみ』藤田紘一郎 著（ちくまプリマー新書）
『今日から役立つ　実践！　ＮＬＰ』高橋かおり 著（学研プラス）
『虐待が脳を変える　脳科学者からのメッセージ』友田明美／藤澤玲子 著（新曜社）
『ニュートン別冊　脳とは何か　ここまで解明された！　脳研究の最前線』（ニュートンプレス）
『ミラーニューロンの発見　「物まね細胞」が明かす驚きの脳科学』マルコ・イアコボーニ 著／塩原通緒 訳（早川書房）
『ココ・シャネル99の言葉』酒田真美 著（リンダパブリッシャーズ）

◆梯谷幸司　Koji Hashigai

トランスフォームマネジメント株式会社 代表取締役
心理技術アドバイザー／メンタルトレーナー
トランスフォーメショナルコーチ®
心理言語療法家

人間心理、言語心理学、催眠療法、NLP（神経言語プログラミング）など、これまで世界的な専門家に師事し、30年以上の歳月をかけ、科学的手法に基づいた独自の成功理論「梯谷メソッド」を確立。夫婦問題からうつ病患者、経営者、アスリートにいたるまで、クライアントの抱える先入観や思い込みを素早く特定し、脳の95％を支配する潜在意識をフル活用させ、精神的、身体的苦痛を伴わずに、のべ8万人のセルフイメージを変革してきた。著書に『なぜかうまくいく人のすごい無意識』（フォレスト出版）、『本当の自分に出会えば、病気は消えていく』（三笠書房）などがある。

無意識《むいしき》のすごい見《み》える化《か》

「脳内《のうない》の親《おや》」から解放《かいほう》されれば未来《みらい》は思《おも》い通《どお》り！

2021年7月26日　初版発行

著　者　梯谷幸司《はしがいこうじ》

発行者　青柳 昌行
発　行　株式会社 KADOKAWA
〒102-8177　東京都千代田区富士見2-13-3
電話 0570-002-301（ナビダイヤル）
印刷所　凸版印刷株式会社

●お問い合わせ
https://www.kadokawa.co.jp/（「お問い合わせ」へお進みください）
※内容によっては、お答えできない場合があります。
※サポートは日本国内のみとさせていただきます。
※ Japanese text only
定価はカバーに表示してあります。

ISBN 978-4-04-604986-5　C0030